学級経営を
ガラリと変える

超実践的

心理的安全性アプローチ

田中 翔一郎［著］

学事出版

はじめに

私が小学校四年生の頃の話です。国語の時間で、登場人物の心情を考える授業中のこと。先生が発問しました。

「このとき、主人公はどんな気持ちだったのでしょうか？」

すると、何人かのクラスメイトがそれに答えました。

「とてもうれしい気持ちになったと思います。なぜなら……」

「たぶん、あたたかい気持ちになったと思います。僕も……」

そんな模範解答のような発表がいくつか続いているなか、ある女の子が挙手をしました。先生は少し戸惑いながら指名しました。すると、その女の子は、

「このときの主人公は何も考えていません」

ほかのみんなとは少し違う角度からの回答に、クラス全体がなんともいえない空気になりました。先生はそんな女の子の答えに、含み笑いでこのように返しました。

「何も考えてないのはあなたでしょ。ちゃんと本文を読みなさい」

教室に少し笑いが起こり、女の子は静かに着席しました。その女の子はそれ以降、授業中に発表をすることはありませんでした。後日、たまたま同じ掃除場所になったときに、先の発表のことについて、女の子が本音をこぼしているのを聞きました。

「そのときは何も考えていなくても、あとになって気持ちがはっきりしてくることもあるじゃんね。そういうことがいいたかったのに、笑われるようなことだったのかな？」

鋭い視点です。もし授業中にこの発言を生かせていたら、クラス全体の思考はより広がり、深まっていたかもしれません。

このときの四年生の私のクラスは、落ち着いた雰囲気で新年度をスタートしましたが、年度末に向けてどんどん荒れていき、五年生、六年生ではいじめも多くなり、先生の叱責、怒号が飛び交う学年になっていきました。多かった授業中の挙手も、六年生ではほとんどなくなり、先生だけが空回りしているような授業が多くなっていました。

文部科学省は二〇二四年十月に、小・中学校の不登校児童生徒がおよそ三十四万人と過去最多になったことを発表しました。この人数は年々増加しているとのことで、おもにその原因は「学校に係る状況」のほか、「家庭に係る状況」や「本人に係る状況」と分類されています。家庭環境や体調面などが要因となる場合もありますが、やはり私たち教員としては、「学校に係る状況」に責任を感じないわけにはいきません。学校が「行きたいと思える居場所」になっていないということだからです。

なぜあの女の子は二度と発表しなくなったのでしょうか。なぜあの学年はどんどん荒れていったのでしょうか。なぜ学校が行きたいと思える居場所にならないのでしょうか。それはすべて「心理的安全性」の低さにあると私は考えます。

教員養成系の大学、学部の講義や、初任者研修をはじめとする職員研修など、教育について学ぶ機会はたくさんありますが、「居場所としての教室づくり」や「安心して挑戦できる教室づくり」という視点の学びの場は、まだまだ多くない印象です。もちろん、授業スキルや教育学的な知識、生徒指導の基本などは重要です。しかし、それらは「心理的安全性の高い教室」という土台があって、はじめて発揮されるものだと思います。

心理的安全性が低い教室では、授業スキルがどんなに高くても生かすことはできません。必死に教材研究をして、あらゆる教育書を読み、指導法の知識を蓄え、授業スキルを高めても、「なぜか授業がうまくいかない」と感じるのは、心理的安全性の高い教室づくりに課題があるからです。

なぜそういい切れるのか。それは、私自身がまさにそんな教師だったからです。「子どもたちの学びをもっと深めたい」「子どもたちの居場所となるような教室をつくりたい」。そう考え続け、探し続けてたどり着いたのが「心理的安全性」だったのです。

とはいえ、私自身、心理的安全性を高めるために様々に取り組み、成功や失敗を繰り返してきました。本書ではそんな私の経験を読者のみなさんと共有することで、ともに「教育の心理的安全性」を高める仲間になりたいと思っています。

Contents もくじ

第3章

心理的安全性を高める学級経営

第4章

心理的安全性と授業

第5章 心理的安全性と職員室

第 1 章

なぜ教室の心理的安全性は高まらないのか

理想通りにいかない学級経営と授業

学んで、マネして、実践しているのに……

「もっと活発に意見をいってほしいのに、なかなか発言が出ない」
「同じ子ばかりが発言して、決まった子どもだけで授業が進んでしまう」
「主体的に、挑戦的に行動してほしいのに、消極的な子どもが多い」
「友達の顔色ばかりうかがって、子どもたちが本当の自分を出せない」
「もめごとばかりで、教室が殺伐としている」
「陰口やいじめが横行していて、なかなか改善しない」
「試し行為が多く、授業や学級経営の妨害行為が収まらない」
「安心できる教室環境を目指しているけれど、子どもたちに変化がない」

このような悩みを抱えている先生たちは多いのではないでしょうか。たくさんの書籍を読み、情報を収集して学級経営に生かそうとしているのに、なかなか子どもたちに響かないし、教室の雰囲気も変わらない。そうやって、理想の学級経営や授業に挫折をする先生も多いと思います。実は、私も同じような悩みを抱えていました。たくさん勉強して、授業スキルを身につけていっても、うまくいかないことが多々ありました。

ある年のことです。自分が担任するクラスで、いじめが起きました。その事案を知ったのは十二月の個人懇談のとき。保護者から知らされました。いじめは十月から続いていたそうです。しかし、教室のなかでは、そのような様子が見られないばかりか、様々なことに積極的に取り組んだり、私も「よい」といわれる指導法で授業をしたりして、むしろみんな仲がよくいいクラスだと思っていました。そのため、それを知ったときは本当にショックだったことと、そして何より被害者の子どもに、そして加害者の子どもにも本当に申し訳ない気持ちを抱いたことを覚えています。

別の年のことです。学級経営の目標は、子どもたちが活発に意見を出し合い、子どもたち主導で授業を進めることができるようになることでした。今思えば、心理的安全性を高めるための学級経営を心掛けていました。そこで、主体的に意見を出し合うことの大切さを子どもたちに伝え、学習の進め方も教え、幾度となく子どもに委ねる授業をしていました。しかし、子どもたちはなかなか発言しません。それどころか、授業を進めたり発言したりすることを、ほかの誰かに期待して周りの様子をうかがってばかり……。

自分の力の入れ具合に対して、実はあまり効果がないことを実感しました。

何年か前から、「心理的安全性」という言葉が注目され、認知されるようになりました。注目された理由は、世界的に有名な企業が「心理的安全性が高い職場は、生産性が高い」という研究結果を発表したためです。心理的安全性とは何かというと、ハーバード・ビジネススクール教授で心理的安全性の第一人者、エイミー・C・エドモンドソンは次のように説明しています。

心理的安全性とは、大まかに言えば「みんなが気兼ねなく意見を述べることができ、自分らしくいられる文化」のことだ。[1]

つまり、心理的安全性が高い組織というのは、他人の顔色をうかがうことなく、自分の意見を主張することができるような、みんなが生き生きと自分を出せる組織のことなのです。そして、そういう組織・職場ほど生産性が高いことがわかっているのです。

もともと、心理的安全性は「職場」という文脈で、生産性という視点で語られることが多かった概念ですが、現在は教育の現場でもその概念が浸透し、教室や学級経営と心理的安全性を組み合わせた書籍もいくつか出版されています。これは、「職場」という環境のみならず、教育の現場でも心理的安全性を高めることが重要だと考えられるようになったからで、私もそう考える一人です。このような流れは、「前にならえ」や「和を乱すな」「先生のいうことを聞く子がよい子」といった、根強く残る旧来の教育観から脱却しようとする教師たちの思いが表れているのかもしれません。そして、心理的安全性という言葉が教育界に浸透する前から、授業や学級経営に定評があった教師は、心理的安全性に近い感覚や風土を学級に醸成することがうまかったのだと思います。私は、子どもが生き生きと学びを深める授業を模索し、子どもが安心して自分の個性を出せる学校生活を考え続けた結果、この心理的安全性にたどり着きました

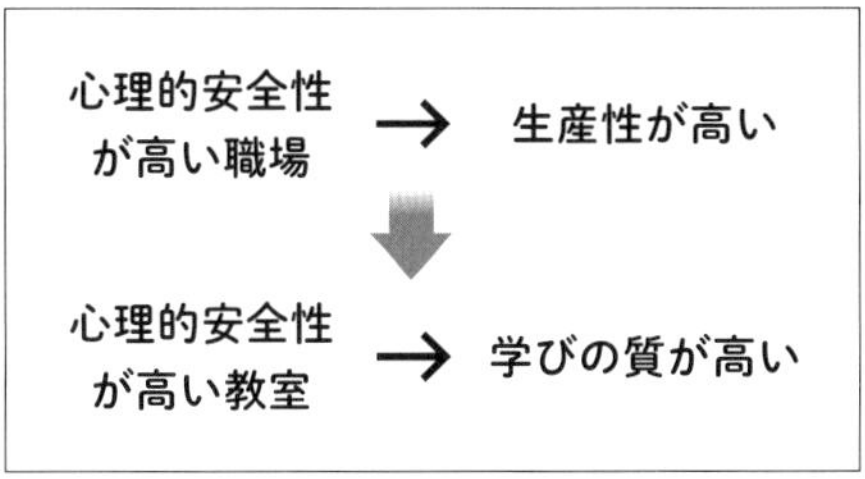

が、こうした先輩教師の姿からも、学びの質を高めるためには教室の心理的安全性の実現が前提となると私は考えました。

しかし、職場での心理的安全性の実現が実は非常にむずかしいように、教室の心理的安全性の実現も簡単なものではありません。昨日の取り組みが、今日すぐに効果が出るというわけではありません。また、続けていれば、必ず結果が出るという保障もありません。実際に教室の心理的安全性の実現に挑戦し、そのむずかしさを痛感している教員も少なくないと思います。それゆえ、大きな壁にぶちあたり挫折してしまうこともあるかもしれません。なぜうまくいかないのかと悩んでいる教員も多いと推察します。

私も様々なことに取り組み、実践してきましたが、やはり効果のあるものと、あまり効果がなかったものがありました。「これならうまくいく！」と思って取り組んでも、クラスのなかで様々な問題が生じたり、目指している授業像から遠く離れた授業を展開したりすることもありました。当然、試行錯誤するなかで挫折しそうなときもありました。自分の無力さに打ちひしがれるときもありました。しかし、いろいろと模索しながら探究していくうちに、効果的なものと、そうでないものが徐々に見えてきました。また、効果が感じられなかったことも、少し方法を変えるだけで劇的に効果が上がるものもありました。

もう少しいえば、あるクラス・場面では効果があるが、別のクラス・場面では効果がないということもありました。こうした経験から見えてきた、私が感じた「心理的安全性が実現しにくい要因」は、大きく次の二つです。

【この取り組みは効果があるという神話】

【文脈による効果の違い】

そこで、まずは【この取り組みは効果があるという神話】をもっているもののなかで、私が「あまり効果がなかった」と感じていることをいくつか紹介します。誤解を生むことを防ぐために補足しますが、取り組み自体を否定するものではありません。信念をもって取り組んでおられる先生方がいることを承知で「私の体感」として紹介します。そして、もし取り組むとしたら、どうすればより効果的に、効率的に取り組めるかも、私の経験則を踏まえて紹介します。

本書を読み進めるなかで、ご自身で取り組まれていることを振り返ったり、比較したりしながら読んでいただけたらと思います。

効果・効率がよくなかった取り組み❶
「いいとこ見つけ」

帰りの会などで、その日に見つけたクラスメイトのいいところを発表するような取り組みがあると思います。自分以外の人のいいところを見つける習慣や、褒められることでの自尊感情の向上をねらっていると思われます。確かに、「いいとこ見つけ」に取り組めば、教室のなかに「褒めるという活動」を意図的に生むことができますし、そういった風土が醸成されることもあります。私も熱心に取り組んできました。

しかし、クラスのなかに序列がある場合は、忖度が見られることもあります。また、発表する子どもがいつも同じだったり、発表される子どもが偏ったりと、なかなか発表しない（されない）子どもが出てきます。また、長く続けているとマンネリ化してきて、こなし作業のようになることもあります。「いいとこ見つけ」で成果が出なかったり、変化がなかったりするのはこういった要因が考えられます。

そんなときに有効だったのが、全員が参加し、取り組めるような工夫や取り組みに変化をつけることでした。詳細は後述しますが、そのような取り組みをする際は「帰りの会・終わりの会」ではなく、朝や特活などの時間を活用するのがおすすめです。

効果・効率がよくなかった取り組み①

帰りの会のいいとこ見つけ

帰りの会で、その日に見つけたクラスメイトのいいところを挙手制で発表する

褒める風土が醸成される

一方で

クラス序列で忖度が出る
発表する子、される子がいつも同じ
なかなか発表されない子が出る
マンネリ化、形骸化が起こる

全員のいいところを見つける
発表にこだわらない
取り組みに変化をつける

効果・効率がよくなかった取り組み❷

「ノートのコメント返し」

子どもたちの主体性を醸成するために、子どもたちが書いたノートに、いいところや改善点などを教員が書き込んで、励ましたり促したりすることがあると思います。教員のなかにはノートのコメント返しのために夜遅くまで残って作業する人も多いと思います。

確かに、コメントをもらった子どもたちはうれしい気持ちになり、学習の動機づけになることもあると思います。しかし、膨大な時間をかけて労力を注いだにもかかわらず、期待していたほどの効果が出ていないという結果に終わることもあります。そして、本当にコメントを読んでほしい子どもほど、読んでいないということも多々あります。私もノートのコメント返しは長らく必死で取り組んできましたが、あるときスッパリやめてみました。残念なことに、子どもたちの様子はほとんど変わりませんでした。

代わりに私が取り組んだのは、ノートを見た証しとして押すハンコやつける丸にいくつかの種類を設け、それで評価を表して返すことでした。「すごい！」などの単語で返すときもあります。また、授業中であれば直接声をかけて、全員にフィードバックをしました。こうすることで適切な時間と労力でのコメント返しが可能になりました。

効果・効率がよくなかった取り組み②

ノートのコメント返し

子どものノートにいいところや改善点などを先生が書き込み励ましたり促したりする。

学習の動機づけにつながる

一方で

膨大な時間がかかる
時間のわりに効果は出にくい
読んでほしい子ほど読まない
（あまり気にしてない）

ハンコの種類、丸のつけ方で示す
単語でコメントする
直接声をかける

効果・効率がよくなかった取り組み③

「年度初めに立てる学年・学級目標」

どの学校でも学年目標や学級目標を年度初めに立てているのではないでしょうか。私も初任のときから毎年取り組んでいました。「こんな学年、クラスにしたい」というクラス像を話し合うことで自分事になり、理想のクラス像をみんなで共有することができます。

しかし、子どもたちがその目標を意識できるのは、どのくらいの期間でしょうか。一度試しに聞いたことがありますが、二ヶ月経過したところで過半数の子どもたちが目標を覚えていませんでした。また、「ほかの目標がよい」と思っていた子どももいて、実は学年やクラスの総意にはなっていないということがほとんどです。さらには、学年目標や学級目標の言葉は「虹」などの抽象的な言葉が入ることも多く、理解しにくかったり、達成感につながりにくかったりする場合もあります。もう五年ほど、私は学級目標を立てていません が、目標を立てていたときと比べて、特に不都合は感じていません。

ただ、学年目標は立てています。定期的に目標を見直し、体育大会や校外学習など、すべての行事と関連させることで意識づけできるようにします。そうすることで、行事が終わったあとの振り返りが充実するなど、効果を感じることができています。

効果・効率がよくなかった取り組み③

年度の初めに立てる学級目標

一年間で「こんなクラスにしたい」というクラス像を話し合い、年度の初めに目標として立てる

理想のクラス像を共有できる

一方で

途中で忘れがち
クラスの「総意」にはなっていない
抽象的になりやすく達成感がない

定期的に学級目標を見直す
すべての行事に関係づける
学級ではなく「My目標」にする

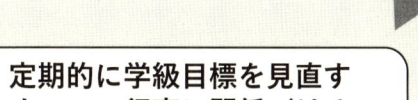

効果・効率がよくなかった取り組み④

「みんな遊び」

小学校では、よく「みんな遊び」という時間を設けることがあります。私も、長い休み時間を活用して取り組んでいました。係などが中心となって話し合い、遊びを決めて、クラス全員で遊ぶことで交流をはかっていました。

しかし、話し合いで決まった遊びは、本当に全員がしたいものではないことも多く、別のことをしたかったのに、したくもない「みんな遊び」につきあっている子どももいたと思います。実際、「えー、やりたくないな」「別の遊びがよかった」「めんどくさい」という子どももいました。こうなると逆に雰囲気が悪くなり、せっかく遊びを考えた係もやる気をなくしてしまいます。

そこで私は、特活の時間をマネジメントして、休み時間ではなく授業中に「みんな遊び」を取り入れることにしました。これなら子どもたちから休み時間を奪わずに済みます。とはいえ、遊びたい内容の意見が割れてしまいますが、うまく計画を立てることですべての遊びを実施することも可能です。なお、係が決まっていない場合は、子どもたちをいくつかのグループに分けて、輪番制で担当するようにします。

効果・効率がよくなかった取り組み④

休み時間のみんな遊び

「みんな遊び係」などを中心として、休み時間にクラス全員で遊ぶ

遊びながらクラス内の交流ができる

一方で

したい遊びがクラスの総意ではない
→休み時間にほかの遊びをしたい子や
教室にいたい子から不満が出る

授業の時間（特活）や朝の時間にする
みんな遊びの担当を輪番制にする
短い時間の遊びを頻繁に行う

効果・効率がよくなかった取り組み⑤
「お決まりの係活動」

多くのクラスが、係活動を取り入れ、学級内で子どもに役割をもたせていると思います。配り係や宿題係、生き物係や黒板消し係など、子どもたち一人ひとりが役割をもつことができます。ただ、後述しますが「係活動」と「当番活動」は違うものです。学級のなかで義務的に行う仕事は係活動ではなく当番活動です。配り係や宿題係といわれるものは当番活動だと考えられます。なかには、みんな遊び係や新聞係など、子どもたちの創意工夫により学級をよりよくするための係活動も存在し、係活動と当番活動が混在する様子が多く見られます。私もこのような係活動にしていましたが、マンネリ化したり惰性で取り組んだり、ほとんど取り組まない係が出てきたりしました。また、係活動を「やらされている」と感じる子どもも見られるように……。

そこで、係を当番と明確に区別しようと考え、子どもたちに「自分もみんなも楽しい、おもしろいと感じる係活動を考えよう」と投げかけました。月に一回、活動の振り返りと今後の取り組みを考える「戦略会議」も設定したことで、係活動が活性化しました。なかには係活動ではなく「会社活動」と銘打って活発に取り組んでいる教員もいました。

効果・効率がよくなかった取り組み⑤

お決まりの係活動

配り係や宿題係など、学級の事務的な作業や取り組みを係活動に任せる取り組み

一人一人が役割をもつことができる

一方で

マンネリ化、惰性になりやすい
ほとんど取り組まない係が出てくる
「やらされている」係活動になる

「会社活動」として取り組む
月に１回「戦略会議」をする
係活動は「おもしろさ」を重視する

効果・効率がよくなかった取り組み❻

「帰りの会・終わりの会」

その日の学校生活の最後に「帰りの会・終わりの会」という取り組みがあります。クラスにもよりますが、会の流れを紙面に書き示すなど、しっかり取り組んでいるクラスもよく見ます。私も、スピーチやいいとこ見つけ、反省会や先生からのありがたい話などをしたことがあります。その日一日を振り返ることができ、授業で取り組めないことができる時間にもなります。ただ、子どもたちの表情をよく見てみると、あまり乗り気ではない様子も多く見られます。それもそのはず、子どもたちは一刻も早く帰りたいと思っているし、一日の疲れでぐったりしているのです。当然、そんな状態の子どもたちは、ほとんど話を聞いていません。そこでクラスメイトを指摘するような発言が出たり、教員が長い話をしたりすれば、ストレスが蓄積されるのも無理はありません。

そのため、私は大事な話は朝の時間にします。帰りの会では忘れ物がないかのチェックとあいさつだけにするようにしています。楽しい気持ちで終われるように、教員からの一言が必要なら、その日に素敵だと感じた子どもたちの行動に対して、「価値づけ」する言葉をかけるようにします。短い帰りの会・終わりの会は、高学年の児童ほど好評です。

効果・効率がよくなかった取り組み⑥

帰りの会・終わりの会

下校の前に、一分間スピーチ、いいとこみつけ、反省会、先生からの話などをする会

その日一日を振り返ることができる

一方で

子どもは一刻も早く帰りたい
一日の疲れでぐったりしている
ほとんど話を聞いていない

大事な話やスピーチは朝の時間にする
帰りはあいさつ+掛け声やジャンケンだけ
先生からの話は一言「価値づけ」だけ

効果・効率がよくなかった取り組み ⑦
「丹精込めた学級通信」

教員のなかには、学級通信を発行している人もいます。私も学級通信を発行していますが、以前は子どもたちの様子から自分の思いや願いなどを、写真つきの長文で書くような丹精込めたもの作成していました。しかし、ある日気がつきました。子どもたちはほとんど文章を読まず、写真しか見ていないのです。そして、自分が親になってわかったのですが、「長文なんて読んでいるヒマはない！」というのが保護者の本音なのです。全力で伝えたいと作成に労力と時間をかけても、隅々まで読んでくれる保護者は少ないのです。

そこで、私は基本的に写真とそれに付随する価値づけの言葉を中心に作成するようにしました。週二回の発行頻度も「週一で発行できたらＯＫ」くらいのペースにしました。また、学級通信内の文章も短くするようにしました。長文になりそうな思いは、配布する際に直接子どもたちに言葉かけするようにしました。わかりやすく、伝わりやすくなった学級通信は、以前よりも子どもたちの反応もよくなり、行動に変化が見られるようになりました。写真と価値づけのセットを見た子どもたちはとてもうれしそうで、懇談等で保護者から「子どもも私たちも喜んでいます」と言ってもらえることも増えました。

効果・効率がよくなかった取り組み⑦

丹精込めた学級通信

子どもたちの様子や担任の思いなどを文章にして発信する。手書きで行う場合もある。

担任の思いや誠意が伝わる

一方で

作成に労力と時間がかかる
長い文章を読む人は限られている
「手書き」の効果は不明

写真と価値づけを中心に掲載する
発行頻度を下げる
発行時の「言葉かけ」を重視する

29

6《む》－3《さ》志《し》通信

●月　●日(●)発行
●●●●小学校
6－3　田中　翔一郎

今週の様子～修学旅行の計画～

もうすぐ修学旅行です。活動に向けて計画を立てています。各グループで話し合いを進めていますが，国語の中で学んだ「話し合いで大切なこと」を意識しながら話し合いを進めることができています。

リーダーが中心となって話し合いを進めることができています。周りも真剣に聞いています

資料はみんなが見やすいようにしています。相手意識をもてています！

来週の予定

● 月● 日(●)・・・アルバム撮影
　● 日(●)・・・勤労感謝の日(祝日休業)
　● 日(●)・・・クラブ活動

無意識のてんびん

子どもたちは無意識にてんびんにかけている

「もっと活発に意見をいってほしい」
「クラスの全員が参加するような授業をしたい」
「主体的に、挑戦的に行動してほしい」
「陰口やいじめをなくして、安心できる教室にしたい」
「問題行動を減らして、もっと価値ある行動をとってほしい」

こういった望みをもって、私たち教員は先に紹介した「いいとこ見つけ」や「ノートのコメント返し」などに取り組み、たくさんの書籍やインターネットなどから情報を収集して学級経営に生かそうとしていると思います。かつて私も、そういった「何をするか」にこだわり、必死に取り組んできました。それでもなかなか改善や進歩が見られないのは、各取り組みに課題ももちろんありましたが、私はほかにも要因があるのではないかと考えるようになりました。

そこで、子どもたちをじっくりと観察してみることにしました。例えば、授業中になかなか手を挙げて発言しない子どもに着目してみると、約半数は「いいたいことがある」様子でした。残りの半数は「発問（テーマ）について理解できずに考えをもてていない」か「発問（テーマ）を理解しようと咀嚼《そしゃく》している」子どもでした。

次に「いいたいことがある」のに手を挙げて発言しなかった子どもたちに、その理由を聞いてみました。その答えは、大きく分けて「恥ずかしい」と「自信がない」の二つでした。もう少し掘り下げて聞くと「間違えたら恥ずかしい」「みんなと違う意見だったら馬鹿にされるかもしれない」「スムーズに話し合いが進んでいたから邪魔になるかなと思って」といった答えが返ってきました。

このように質問しているとき、子どもたちは即答するのではなく、じっくり自分と向き合いながら答えている様子が見られました。なかには、言語化することがむずかしいようで、とても時間がかかる子どももいました。つまり、子どもたちは、意識的に「発言しない（したくない）」と考えているのではなく、「発言したとき」と「発言しなかったとき」を無意識にてんびんにかけて、「発言したとき」に嫌な気持ちになることを避けるために、

「発言しない」ことを選んでいたのです。

でも、本当は……

　この無意識のてんびんは、教室内の発言だけではなく、教員への態度や生徒指導上の問題行動にも同じように働いています。試し行為をして教員の対応をうかがっているときも、意識的な行動ではなく、無意識にそういった行動をとっています。陰口をいったり、いじめを起こしたりするときも、自分のポジションを守るためやストレスを解消させるための自己防衛として無意識に行動しています。これも、その行動をしたときと、しなかったときをてんびんにかけた結果の表れなのです。ただ、そういった問題が起こった際、子どもにじっくりと話を聞くと「本当は発言したい」「本当はみんなで仲良くしたい」「本当は先生と遊びたい」などと、本音を吐露《とろ》することも多々あります。

　私は、教室の心理的安全性がなかなか高まらない要因の一つに、自己防衛本能による「無意識のてんびん」が判断や行動を規定することがあると感じています。教室の心理的安全性を高めるためには、そこに教員が、そして子ども自身が気づき、意識的に変えていける仕組みづくりをしていく必要があるのです。

教室には不安が蔓延している

対人リスクから生じる不安

心理的安全性の提唱者であるエイミー・C・エドモンドソンは、職場の心理的安全性を低下させる対人リスクとして、四つの不安を示しています。エドモンドソンは職場の文脈で論じていますが、これは教室にも当てはまります。その四つの不安は次の通りです。

①無知だと思われる不安
②無能だと思われる不安
③ネガティブだと思われる不安
④邪魔をする人だと思われる不安

詳細は追って解説しますので、まずは対人リスクが四つあることを覚えてください。

子どもたちも不安を抱えている

学校の文脈で考えてみましょう。この対人リスクから生じる不安は、年齢を重ね、社会性が発達するほど強くなっていくと考えられます。例えば、小学校の低学年では、いいたいことがいえて、授業中もたくさん発言していた子どもが、高学年になると発言を控えるようになったり、主体的に動くことが少なくなったりしたのを見たことはないでしょうか。この変化は対人リスクから生じる不安によるものです。

前項で説明した「無意識のてんびん」は、こうした対人リスクから生じる不安と、それを乗り越えて行動したときの未来を無意識のうちにてんびんにかけている状態なのです。

具体的な例を示すと、「〇〇がわかりません」といえないのは、まさに「①無知だと思われる不安」があるからです。同様に、「間違えて笑われたらどうしよう」と心配するのは「②無能だと思われる不安」、反対意見をいわずに飲み込んでしまうのは「③ネガティブだと思われる不安」、気になることがあっても結論に向かっている流れのなかで意見がいえないのは「④邪魔をする人だと思われる不安」があるからです。教室の子どもたちもこうした対人リスクから生じる不安を抱えているのです。

なぜ心理的安全性が実現しにくいのか

書籍や文献と教室の文脈が違う

　心理的安全性に注目が集まるようになり、ビジネス書を中心に関連する書籍がたくさん刊行されました。教育界でも心理的安全性が着目されるに従って、教員向けの書籍も出版され、学級経営や授業に導入しようとする教員も見られるようになりました。私は、心理的安全性を学級経営に生かしたい教員たちが集まるネット上のグループと、会員制のオンライン教育サークルを運営しています。そのなかでも、なかなか心理的安全性の理論が学級で実現できないことに悩んだり、苦しんだりしている教員が多いと感じています。

　なぜ、心理的安全性の理論を学び、教室で実践しようとしてもうまくいかないことがあるのでしょうか。私は文脈が違うからだと思っています。多くの心理的安全性の研究や書籍は、ビジネスの現場や医療現場など、いわゆる「職場」を対象としています。職場と学校（教室）では、目標や環境、文化や慣習等も異なるため、そこを考慮すれば学校、教室という文脈に適した心理的安全性のアプローチが見つかるはずです。例えば、教室は子どもたちが多くの時間を過ごす環境ですが、子どもたちは集団生活を始めてまだ数年ほどしか経っていません。職場にいる大人に比べて圧倒的に集団生活の経験値が少ないのです。また、職場のように給与を得ているわけではありませんし、効率よく生産性を高める必要もありません。それぞれの思いが素直に出ることもありますし、逆に出さなくてもいいこともあるのです。さらに、保護者や地域とのかかわりも見過ごせません。子どもたちの育ちには、学校や教員だけでなく、保護者や地域の協力が必要だからです。

そうした学校や教室特有の文脈が、書籍や文献の理論通りにいかない要因だと考えています。ただし一方で、学校や教室の文脈は、心理的安全性を高め、学習する集団にするための武器になるという側面もあります。

教育への導入

学校や教室の文脈で心理的安全性を取り入れることについて、もう少し深掘りしていきましょう。教育現場での心理的安全性に関する書籍や文献も多くなり、それを参考にして取り組んだ教員も多いと思いますが、思うように成果が出ないと悩んでいるケースがほとんどのようです。その要因について考えてみました。

①人が違う

まず一つ目に、人が違うという要因が挙げられます。その人のキャラクター、年齢、性別、経験値などの違いを考慮する必要があるということです。例えば、大学卒業したばかりの初任者の男性教員と、二十年以上のキャリアのある女性教員とでは、同じ取り組みをしても効果が違います。ベテランのマネをしてもうまくいかないことがあるのはそのためです。ベテランの実践方法がただ一つの正解ではないように、うまくいく方法はほかにあるかもしれないのです。どうしても書籍や文献を読むときは、そこで紹介されている「実践内容」に注目してしまいがちですが、その「本質」に着目することが大切です。なぜなら、その著者だから可能な実践内容とその成果である場合も多いためです。「何をしているか」も大事ですが、それよりも「どのような思いや考えをもって取り組んでいるか」に着目することがポイントです。そして、その思いや信念を読み取り、自分に合った方法を模索することが必要なのです。

②子どもが違う

二つ目は、子どもが違うという要因です。同じ日本の子どもでも、大阪と東京では地域の特色があるでしょうし、同じ大阪でも北と南で地域差があります。もっといえば、同じ南でも学校によって違いますし、同じ学校でも教室によって子どもの特色が異なります。ある教室の子どもたちにはピッタリだった実践も、別の教室の子どもたちとは相性があまりよくないということも考えられます。それは、学力や子どもの特性、クラスの人数や地域や学校の文化など、様々な点で違いが存在するからです。

また、「子ども同士の関係性が違う」という側面もあります。例えば、「A先生のクラスでは心理的安全性が高く、クラスも落ち着き、学習も主体的で対話的に進んでいて、深い学びができていました。年度が変わり、A先生はもち上がりました。すると、クラス替えをしたA先生のクラスは、今までの方法ではうまくいかず、問題が次々と起こるようになった」といったケースです。

現場にいると珍しくない話ですが、これはクラス替えをして子ども同士の関係に変化が生じたことによる出来事です。もち上がりだとしても、クラス替えによって子どもたちの様子は劇的に変わることがあり、その都度、適切な方法も変わっていくのです。

③学年が違う

三つ目は、学年が違うということです。例えば、小学二年生で取り組んで有効だった方法も、六年生にはあまり効果がないこともあります。中学三年生で有効だった方法を小学一年生に実践してもかなりむずかしいものがあるでしょう。逆もまた然りです。

子どもは一年で、大人が想像する以上の変化を見せます。②で述べた「子どもが違う」で紹介した「もち上がり」の例も、クラスが変わったこともありますが、学年が変わった、つまり子どもの成長による変化も関係しているのです。

このように、「よい」といわれる実践がうまくいかない要因は、様々な「違い」によって有効だったり、有効ではなかったりするからなのです。そして、理論通りに実践してもうまくいかない要因は、その「本質」を読み取り、自分に適した方法がまだ見つかっていないことが考えられます。

私たちが教室の心理的安全性を実現するためには、常に考え続け、子どもたちを見取りながら模索し続け、適切な方法を探究していくことが重要になると感じています。

第 2 章

なぜ教育に心理的安全性が必要なのか

心理的安全性ってなに？

近年、あらゆる場面で心理的安全性が注目を集めています。私自身が心理的安全性について知ったのは、数年前にインターネットで組織論の動画を観たときです。心理的安全性が注目されるきっかけとなったのは、米国の超大手企業グーグルが『効果的なチームとは、どのようなチームか』を調査・研究したところ、心理的安全性が重要な要素であることを解明したことでした。つまり、「生産性の高いチームは心理的安全性が高い」ことがわかったのです。

ここで心理的安全性とは一体何なのか、改めて確認しましょう。グーグルは次のように示しています。

心理的安全性とは、対人関係においてリスクある行動をとったときの結果に対する個人の認知の仕方、つまり、「無知、無能、ネガティブ、邪魔だと思われる可能性のある行動をしても、このチームなら大丈夫だ」と信じられるかどうかを意味するまた、心理的安全性の第一人者であるエイミー・C・エドモンドソンは著書の中で次のように示しています。

心理的安全とは、関連のある考えや感情について人々が気兼ねなく発言できる雰囲気をさす〔2〕

同じく、日本における心理的安全性の第一人者、石井遼介氏は著書の中で次のように説明しています。

メンバー同士が健全に意見を戦わせ、生産的でよい仕事をすることに力を注げるチーム・職場のこと〔3〕

いかがでしょうか。何となく心理的安全性についてイメージできたでしょうか。これらをまとめると、心理的安全性は、この集団なら発言や挑戦（リスクある行動）をしても大丈夫だと思える集団に共有された雰囲気だといえるでしょう。

ここでポイントとなるのは、「集団で共有された雰囲気」という部分です。だれかにとっては心理的安全性が高いけれど、別のだれかにとっては低いという場合もあり得るため、高い心理的安全性を集団で共有することが重要なのです。

あなたが担任を務める教室はどうでしょうか。子どもたちは安心して発言できているでしょうか。挑戦したり失敗したりしても、安心だと思えているでしょうか。

ちなみに、あなたが勤務する職場はどうでしょうか。会議で安心して発言できるでしょうか。自分の失敗について不安を抱くことなく報告できるでしょうか。

理想的に思えるこの心理的安全性ですが、それを醸成するのは一朝一夕でできるものではありません。また、本書は学級経営のマニュアルでもなければ特効薬でも、「これで大丈夫」といったノウハウを提供するものでもありません。あらゆる環境要因が複雑に絡み合う学校教育現場で、懸命にがんばる教員の一助となるような「伴走型」の本になれればと考えています。うまくいったこと、うまくいかなかったこと、いろんな角度から私の実践を紹介していきます。そのなかで何かのヒントを見つけてもらえたらと思います。

心理的安全性ってなに？

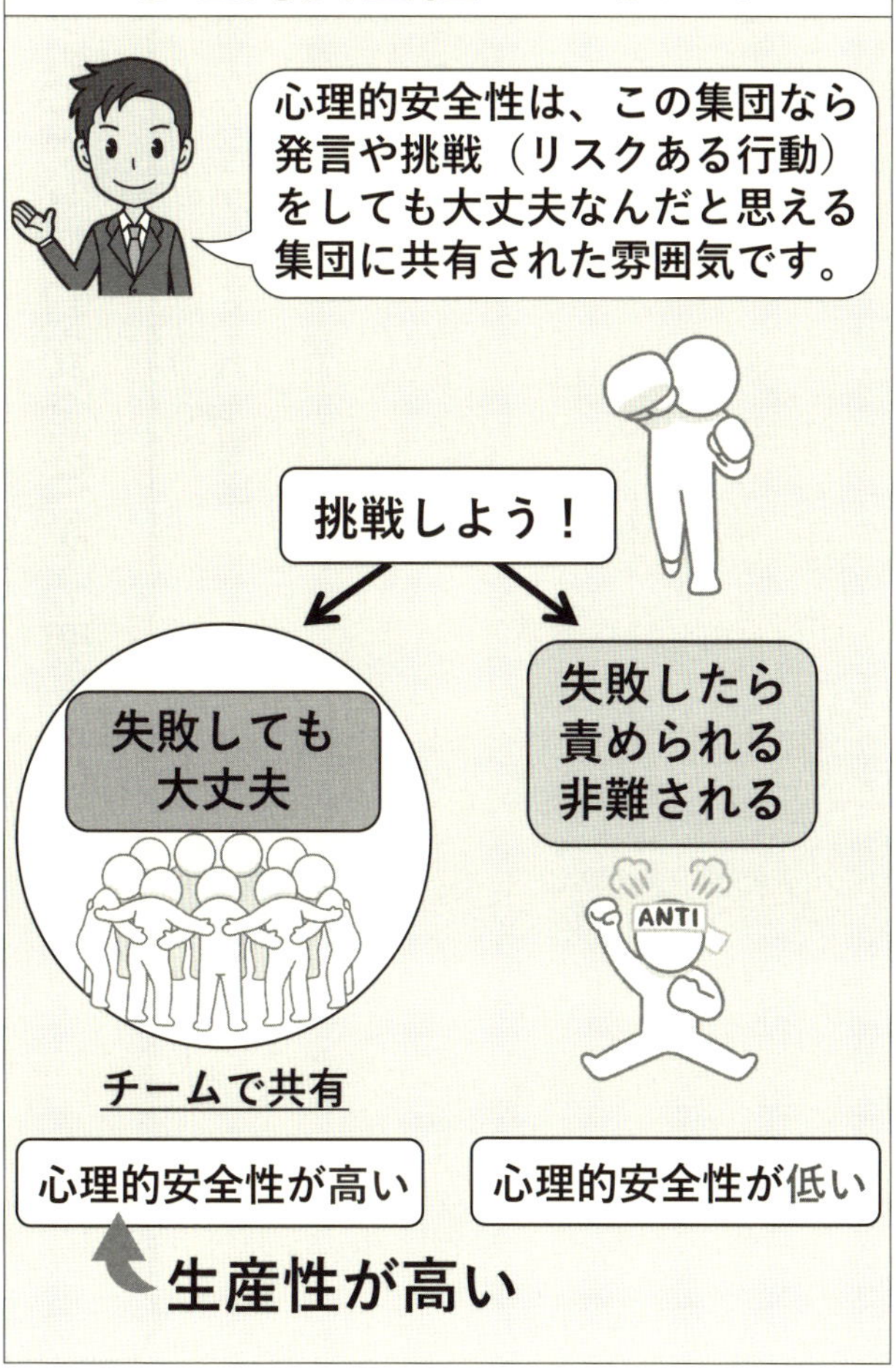
心理的安全性は、この集団なら発言や挑戦（リスクある行動）をしても大丈夫なんだと思える集団に共有された雰囲気です。
挑戦しよう！
失敗しても大丈夫
チームで共有
失敗したら責められる非難される
ANTI
心理的安全性が高い
心理的安全性が低い
生産性が高い

学校に心理的安全性が必要な理由

心理的安全性が生かされる場面

心理的安全性は、組織論やリーダーシップ論で語られることが多いため、ビジネスの分野で用いられるイメージが強いのですが、医療の分野でも用いられています。

例えば、医師が患者の治療のために、ある薬を処方したとします。そこで看護師が「適切な種類ではないのでは？」や「適正な量ではないのではないか？」と疑問をもったとします。心理的安全性の低い環境では、看護師はそれを医師に伝えることができません。なぜなら、問題を提起すれば叱責されるかもしれませんし、「何も知らないくせに」と怒らせてしまうかもしれないと考えてしまうからです。しかし、この看護師の疑問が、大きな医療事故を防ぐきっかけとなる可能性もあるのです。心理的安全性が高ければ、看護師は医師に自分の疑問を提起することができ、医師も再確認したり検討したりと最善を尽くすことができるのです。医療の現場において、心理的安全性の高さは人命を左右する重要な要素となり得るのです。

もちろん、ビジネスでも忌憚のない意見から思いもよらないイノベーションが生まれたり、一つの小さな失敗（ミス）が大きくなる前に対処できたりと、心理的安全性が高いことのメリットは計り知れません。ちなみにグーグルによると離職率も低くなるそうです。

私が学校現場においても心理的安全性が必要だと考えた理由は、こうしたメリットが今まさに直面している学校を取り巻く諸問題の解決の糸口になると気づいたからです。

学校を取り巻く諸問題

心理的安全性は、生産性の向上のために欠かせないものですが、学校における生産性とはどのようなものでしょうか。京都文教大学こども教育学部教授の大前暁政氏は、著書のなかで学校における生産性を「個と集団の学びや成長」[4]としています。考えられるものは「学力の向上」「関係性の構築」「道徳性の涵養《かんよう》」「価値の創造」「生活力の向上」「主体性の涵養」などがあると思います。これらは子どもたちだけではなく、職員室、つまり教職員にとっての学びや成長へもつながるものです。それでは、これらの向上がどのように学校を取り巻く諸問題を解決するのでしょうか。

まず「はじめに」でも述べた不登校の問題です。不登校の原因には友人関係、学業の不振などが多いとされていますが、見逃せないのは、いじめや教職員との関係も原因として少なからずあることです。また別の側面では、学級の荒れや学級崩壊などで思い悩む教員もたくさんいるという問題もあります。

授業という側面では、激務な環境のなか、様々な教員研修を受講して、各人も必死に授業スキルを学んでいるのに、なぜか授業がうまくいかないという問題があります。

そして、そんな激務の中で、「教員不足」が社会問題となっています。そもそも教員になろうと思う学生が減ったことに加え、心身を病んで現場から離れていく教員が増え、一人ひとりが負担する仕事量が増加。働き方改革を訴えて、様々な意見を出しても「前例がない」「誰が責任をとるのか」と遅々として進まないのが現状です。そんな状態ではミスが起こりやすくなりますが、それを隠していたことが発覚して大問題となったり、不祥事として報道されたりすることもしばしばです。

教育の生産性を高めることで、こうした問題を解決するためには、教室に高い心理的安全性を実現させなければなりません。そして、職員室も含めた学校全体の心理的安全性を高めることが必要になります。

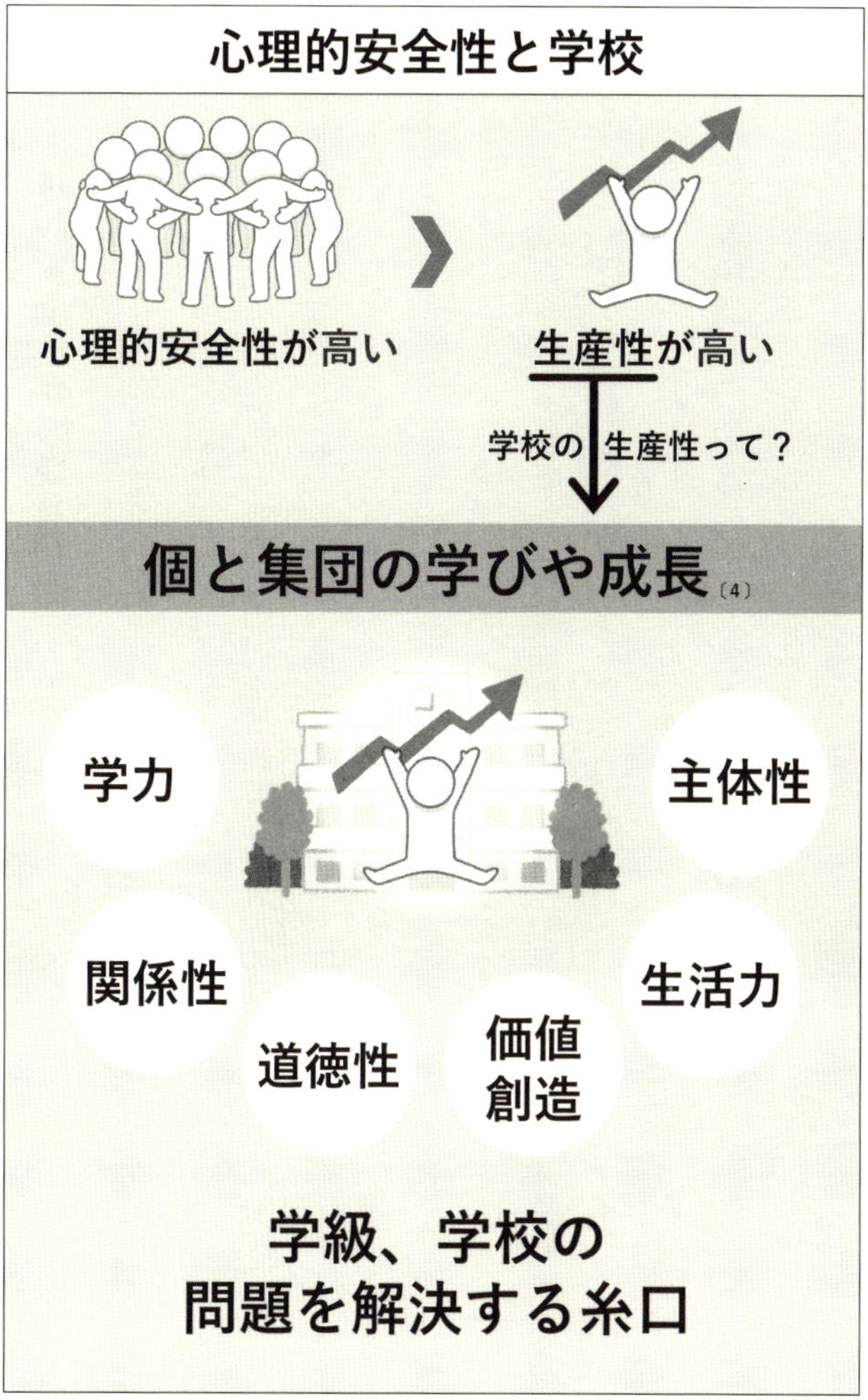
心理的安全性と学校
心理的安全性が高い
生産性が高い
学校の生産性って？
個と集団の学びや成長〔4〕
学力
主体性
関係性
生活力
道徳性
価値創造
学級、学校の
問題を解決する糸口

教室に心理的安全性が必要な理由

本書を手に取った方の多くは、学級担任として自分の教室の心理的安全性を高めることで、よりよい学級経営を目指していると思います。私が教室に心理的安全性が必要だと考える理由も同様です。学級のあらゆる問題を解決し、教育の生産性を上げたいのです。

前項でも授業スキルについて取り上げましたが、「いい授業」を目指すためには、学級経営が基盤となります。高い授業スキルがあっても、子どもたちが安心して学習できる環境でないと、子ども同士の交流も深まらず、学び自体も深まりません。いじめが横行していて、周囲の目に怯え、心が落ち着かない状態では学習どころではありません。自分の目指す授業を実現しようとするなら、授業スキルを磨くことも大切ですが、心理的安全性の高い学級経営を行うことがより重要となるのです。

学級経営というと、整然としていて、しっかり子どもが管理されていて、教員の指示通りに動く教室を想像する人も多いかもしれませんが、心理的安全性という側面で見ると、そのような教室はかなり課題があるといえます。

「整然としていて、しっかり子どもが管理されていて、教員の指示通りに動く教室」は、一見落ち着いているように見えますが、このような教室の子どもたちは、教員からの指示がないと動けません。また、行動のすべてが正解か不正解かで判断されることが多いため、子どもたちは「先生の正解」を考えるようになり、いつしか教員が求める回答を意識して行動することが当たり前になっていくのです。

一方で、主体的、対話的で深い学びでは、子どもたちが自ら学習の課題を考えたり、学習の目標（ゴール）を決めたりして、粘り強く学習に取り組んでいきます。さらに自分の学習を調整しながらクラスメイトと協働し、より深い学びを求めて学習をします。そこには、設定される課題に正解はなく、また学び方にも正解はありませんので、探究的に「あれもやってみよう」「これもやってみたい」と自ら学ぶ姿が見られるようになります。

しかし、「整然としていて、しっかり子どもが管理されていて、教員の指示通りに動く教室」で、正解のない課題設定や学び方を求められた子どもたちからは、発表はおろか、ペアや班での対話でも活気のある声を聞くことはありません。聞こえてくるのは「これって何をすればいいの？」「こうしとけばいいんじゃない？」といった、指示待ちと作業をこなすような言葉です。これでは心理的安全性が低いといわざるを得ません。

また、子どもや保護者の願いとしては、よい授業を受けることも大切ですが、それよりも「安心して、楽しく学校に通いたい（通わせたい）」という想いもあります。周囲の目を気にして過ごす学校生活、いじめを受けながら過ごす学校生活などは苦痛以外の何物でもありません。また、そうした生徒指導上の問題に対応する教員の時間と労力も甚大です。子どもたちへの聞き取りや保護者への連絡、対策会議の開催などもあるでしょう。このような問題が生じる教室は、心理的安全性の低さが原因の一つだと考えられます。

つまり、いい授業をしたい、安心して楽しく学校に通ってほしいと願うならば、心理的安全性の高い教室の実現が必須となるのです。そんな教室が実現できれば、子どもたちの学びが深まり、良好な人間関係を築け、幸せな学校生活を過ごすことができます。教員も、学びの深い授業を実現できると同時に、生徒指導上の対応も減らせます。子どもにとっても、教員にとっても幸せな教室環境が実現できるのです。まさにウィンウィンです。

しかし、小学校では高学年になるにつれて専科の授業が増えていき、学級担任以外が授業を行うようになります。また、中学校では学級担任が教室に常在することは少なく、様々な教科の担当が入れ替わります。つまり、教室の心理的安全性を高める際には、学級担任だけではなく、学校全体で取り組むことが重要になるというわけです。

心理的安全性が高い教室の様子

　心理的安全性が高い教室が実現できたら、子どもたちにはどのような様子が見られるのでしょうか。具体的には第三章で解説しますので、ここでは大まかに捉えてください。

　心理的安全性の高さが如実に表れるのは「発言」です。授業中、いつも同じ子どもが発言している場合、発言していない（またはできない）子どもたちは周囲を気にして発言しないことが考えられますが、心理的安全性が高まることで、発言する子どもたちが増えていきます。また、心理的安全性が高い教室は「空気を壊す発言」も見られます。例えば、話し合いで結論が決まりかけていても、異議を唱える子どもが現れたりするのです。このように、いつ、誰が、何をいっても許されるという心理的安全性の高さゆえ、このような現象が起きるのです。

　心理的安全性が高い教室で見られるほかの様子を次ページに示しました。図からもわかるように、リスクがあるかもしれない言動を恐れずにできるかどうかに、心理的安全性の高低を計るメジャーがあるといえます。

心理的安全性と教室

心理的安全性が高い教室の子どもの様子

自分の考えを安心して発言している

新しいアイデアが生まれやすい

決まりかけた話し合いに異論が出る

その異論が拒絶されない

係活動が自立的で活発

授業中に「わからない」がいえる

代表や実行委員に積極的

グループ活動への参加度が高い

「群れ」ではなく「集団」で動ける

フラットな人間関係になっている

リスクを恐れない言動

あなたのクラスをチェック！

心理的安全性が感じられる四つの因子

心理的安全性の中身について考えていきましょう。石井遼介氏の著書では、日本の職場では次の四つの因子があるときに、心理的安全性を感じられると述べています。(5)

①話しやすさ
②助け合い
③挑戦
④新奇歓迎

それぞれについて、少し詳しく見ていきましょう。

①話しやすさ

言葉だけを見ると「誰とでも話ができる」と捉えられます。それはもちろんですが、ここでは「話し合いが決まりかけていても異議を出せる」ことや「知らないことやわからないことを素直にいえること」、また「自分の失敗やミスなどを報告できること」なども「話しやすさ」として含んでいます。

②助け合い

自分に与えられた責任の範囲だけをこなすのではなく、問題が起こったときは集団で解決しようとする雰囲気のことを指します。問題が起こったときは人を責めるのではなく、そのシステムや仕組みの改善に、建設的に取り組むことが大切です。リーダーやメンバーが相談に乗るような風土、減点主義ではなく加点主義で考える風土が求められます。

③挑戦

「おもしろい！」「やってみよう！」と思え、そのアイデアを実行できる雰囲気が「挑戦」の因子です。そのためには、チャレンジすることが損ではなく、得であるという認識がチームの中に醸成される必要があります。また、「それは現実的じゃない」「どう考えても無理だ」と、初めから否定されることなく意見が認められることも重要になります。

④新奇歓迎

「新奇歓迎」は、個性が十分に発揮され、人と違う考えや感覚、価値観が歓迎される雰囲気を指します。そのためには、「自分は個性を出してもよい」や「目立つことはリスクじゃない」と思える集団である必要があります。

心理的安全性が感じられるには、この四つの因子が大切となります。それぞれの因子を見てみると、「①話しやすさ」がもっとも重要で、これがほかの三つの因子の土台になっていることがわかると思います。そのため、まず心理的安全性を高めようとするときは、「①話しやすさ」を意識して取り組んでいくことがよいと思います。

次ページには、この四つの因子の教室版を示しています。それぞれの視点で教室の様子を見たり、学級経営の軸にしたりしながらクラスづくりをしてみてはどうでしょうか。

心理的安全性が感じられる四因子

話	助	挑	新

〔3〕

① 話しやすさ
「何をいってても大丈夫」

② 助け合い
「困ったときはお互い様」

③ 挑戦
「とりあえずやってみよう！」

④ 新奇歓迎
「異能、どんと来い」

教室版

話	助	挑	新

① 話しやすさ
「クラスメイトに教室の問題や新しいアイデアを安心していえる」

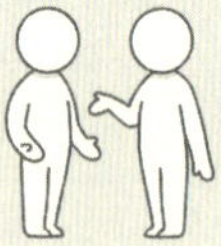

② 助け合い
「困ったときはクラスメイトに助けてほしいといえるし、自分も助けることができる」

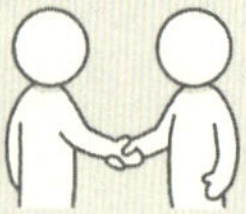

③ 挑戦
「学習や係、当番活動などで新しいアイデアに取り組める。代表などに安心して立候補できる」

④ 新奇歓迎
「思いもよらないアイデアやそれぞれがもつ個性が持ち味として受け入れられる」

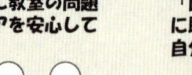

こんなクラスは注意！　心理的安全性が低くなる四つのリスク

次は、逆に心理的安全性を脅かす四つのリスクを紹介します。

エイミー・C・エドモンドソンは、職場における対人リスク、つまり職場における心理的安全性を低下させるリスクには次の四つがあると述べています。

①無知だと思われる不安

わからないことを質問したときなどに、「こんなことも知らないのか」と思われるかもしれないという不安がこれに当たります。実際に「これは知っていて当たり前」「そんなことも知らないのか」といわれることは、この不安を助長します。

②無能だと思われる不安

自分のミスや間違いを認めたり、支援を求めたりしたときに「こんなこともできないのか」と思われるような不安がこれに当たります。この因子があると、失敗を恐れて困難なことや新しいことに挑戦する気持ちが生まれにくくなります。

③ネガティブだと思われる不安

様々なことにはメリットとデメリットがあります。デメリットについて意見をいったり、議論したりすることは建設的な話し合いに不可欠ですが、そうした言動に対して「ネガティブに考える人」だと思われてしまうかもしれないという不安がこれに当たります。

④邪魔をする人だと思われる不安

話し合いの場で、自分の意見をいうことは、もしかしたら決まりかけていた内容が白紙に戻るかもしれないし、話し合いが長引いてほかの人の時間を奪ってしまうかもしれないなどという不安がこれに当たります。

これを職員室の環境や教職員の研修会などに置き換えると、なるほどと感じられると思います。これらは「職場での対人リスク」として紹介されていますが、教室の環境にも当てはめることができます。

授業中にわからないことがあっても「～がわかりません」といえない子ども。それは、「こんなこともわからないの？」と、先生からいわれた経験があるのかもしれません。

なかなか新しいことに挑戦できない子どもは、失敗をしたときに周りから笑われたり、怒られたりした経験があるのかもしれません。

批判的な意見をいわないようにしている子どもは、授業や学級会で批判的な意見をいったときに、友達ともめてしまったりしたことがあるのかもしれません。

反対意見をいわないようにしている子どもは、みんな遊びやクラス目標などの話し合いが決まりかけていたときに反対意見をいって、その場の空気を凍りつかせ、居たたまれない気持ちになった経験があるのかもしれません。

実際に自分が経験していなくても、クラスメイトがそういう経験をしている姿を見たことで、この四つの不安は強くなっていくことでしょう。

いじめが横行していたり、圧でクラスを管理しようとする教員が担任であったりする場合も、これらの不安を高める可能性があることに注意が必要です。

心理的安全性が低くなる四つの不安

❶無知だと思われる不安

❷無能だと思われる不安

❸ネガティブだと思われる不安

❹邪魔をする人だと思われる不安

教室で見られる様子

❶
「わからない」といえない
「知らない」といえない
「どういうこと？」と言えない

質問したり相談したりしない

❷
「できない」と表現できない
難しいことに挑戦できない
ミスを公にすることができない

失敗することを避ける

❸
「もし」という発言がない
悪いことに「悪い」といえない
批判的な議論がない

素直に自分の考えをいえない

❹
少数派になりたがらない
反対意見をいえない
助けを求めることができない

不本意で妥協する

心理的安全性と「主体的、対話的で深い学び」の密接な関係

学習指導要領が改訂され、「主体的、対話的で深い学び」を目指す授業が提唱されて久しくなります。現場の教員は、それらを研究主題にして校内研究を進めたり、教育論文などでも主なテーマとして設定されていたりします。また、「主体的、対話的で深い学び」をテーマにした教育書もたくさん出ています。しかし、研究を進め、論文や書籍から学び、いざ教室で実践してもなかなかうまくいかずに悩む教員が多くいることも事実です。

いったいなぜ理論を学び、方法を研究しても「主体的、対話的で深い学び」の実現がむずかしいのでしょうか。その原因としては、学級経営という学習の基盤が不完全であることが考えられます。特に、心理的安全性が低い教室にその傾向が多いようです。

心理的安全性が低い教室の授業

心理的安全性が低い教室には、先述した四因子（無知だと思われる不安、無能だと思われる不安、ネガティブだと思われる不安、邪魔をする人だと思われる不安）が蔓延しています。

主体的に学習しようとしたとき、例えば周囲から「そんなやり方はダメだろう」「そんなこともできなのか」と思われる不安（無能だと思われる不安）があると、様々な学習の方法を試して調整しながら、粘り強く学習することは困難になります。

無能だと思われるくらいなら、無理に挑戦せずにみんなと同じ方法で学習した方がいい、ほどほどでやめておく方が無難だと考えても無理はありません。また、特定の友達としか話せない教室だとしたらどうでしょう。学習のなかで対話するのは仲のよい友達だけではありませんので、そうでない人との協働で深い対話が生まれることはむずかしいでしょう。ほかにも、違う視点の発言をしたときに「せっかく話し合いがまとまりそうだったのに」（邪魔をする人だと思われる不安）と思われたら……。批判的な発言をしたときに「もっと前向きに考えられないのかよ」（ネガティブだと思われる不安）と思われたら……。そんなことを感じながらでは、本当に必要な対話は生まれにくく、表面的な話し合いに終始するでしょう。

このような主体的にも、対話的にもなりにくい教室では、深い学びも生まれにくくなります。授業の方法を学び、論文や書籍にある内容を実践してもうまくいかない原因は、このような教室の風土にあるのです。

心理的安全性が高い授業

では、心理的安全性が高いと授業はどうなるでしょうか。

「話しやすい」教室では、誰とでも、どんなことでも話すことができ、違う視点の発言や批判的な発言をしても大丈夫なので、話し合いが活性化します。「助け合える」教室では、できないことやわからないことがあっても問題なので、そうしたことが起こっても、みんなで受け止めることができます。「挑戦できる」教室では、失敗しても挑戦することに価値があることを知っているので、粘り強く学習に取り組むことができます。「新奇歓迎」の教室では、個性を発揮することの大切さが共有され、自分らしくいることができるので、学習の仕方が個性的でも、対話をしていても互いの意見を認め合うことができます。こうして、主体的に、かつ対話的な子どもたちの学びは、必然的に深くなっていくでしょう。

このように、現在求められる「主体的、対話的で深い学び」を実現しようとすると、授業スキルを高めたり、方法を研究したりすることも大切ですが、まずは心理的安全性の高い教室づくりに最優先で取り組む必要があるのです。

心理的安全性と「主体的、対話的で深い学び」

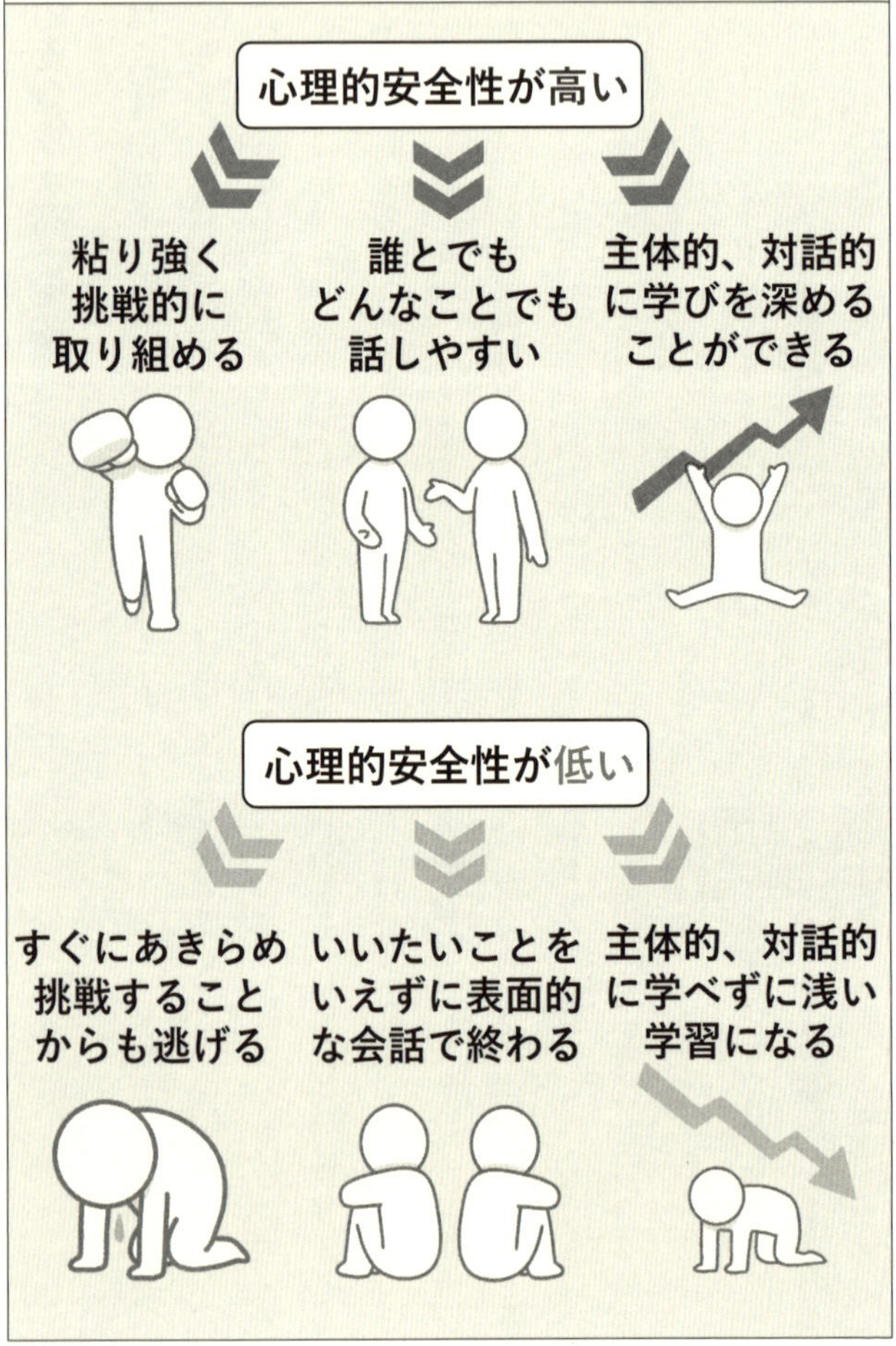
心理的安全性が高い
粘り強く
挑戦的に
取り組める
誰とでも
どんなことでも
話しやすい
主体的、対話的
に学びを深める
ことができる
心理的安全性が低い
すぐにあきらめ
挑戦すること
からも逃げる
いいたいことを
いえずに表面的
な会話で終わる
主体的、対話的
に学べずに浅い
学習になる

心理的安全性の勘違い

心理的安全性の話をすると「そんな甘やかされた、居心地がよいだけのなまぬるい環境で、本当に成果が出るのか」「仲間内で馴れ合っていては、内容のある議論ができないのではないか」という批判を必ず受けます。これは、心理的安全性という単語から連想されたものだと感じています。確かに、居心地のよさや仲のよさだけであれば、ただのなまぬるい環境だといえます。しかし、心理的安全性の目的は居心地をよくすることや、みんなが仲よくなることではありません。心理的安全性の真の目的はその先にあるのです。

心理的安全性の目的

エイミー・C・エドモンドソンは著書のなかで次のように述べています。

心理的安全性とは、高い基準も納期も守る必要のない「勝手気ままな」環境のことではない。職場で「気楽に過ごす」という意味では、決してないのだ。（中略）心理的安全性は野心的な目標を設定し、その目標にむかって協働するのに有益だ。心理的安全性は、より素直に話し、好奇心旺盛で、協力し合い、結果として高い成果をあげる職場環境の土台なのである。[6]

つまり心理的安全性は、居心地がよいだけのなまぬるい環境でも仲間内の馴れ合いでもなく、互いを尊重し能力を引き出し合いながら、高い目標を達成するため土台なのです。

心理的安全性と達成目標との関係

心理的安全性を実現する上で重要になるのは、高い達成目標との「関係」です。エイミー・C・エドモンドソンは、その関係を四つのゾーンに分類しています。

①心理的安全性が低く、達成目標も低いものを「無気力ゾーン」。②心理的安全性が低く、達成目標が高いものを「不安ゾーン」。③心理的安全性が高く、達成目標が低いものを「快適ゾーン」。④心理的安全性が高く、達成目標も高いものを「学習および高いパフォーマンスゾーン」としています。

これを教室に当てはめると、70ページの図のようになります。

「無気力クラス」の子どもたちは周囲の目を気にしながら教室で過ごしているため、閉鎖的で暗い雰囲気を感じます。学級が崩壊している、またはその危険性が高いクラスがこれに当たります。

「不安クラス」は、教員の要求と子どもたちの主体性や姿勢がアンバランスな状態。教員に正解があり、子どもたちがそれに従うことを求められたり、教員が空回りしていたりするクラスがこれに当たります。

「快適クラス」は、非常に安心して教室で過ごせるため、子どもたちは「学校が楽しい」と感じていますが、目標の設定が低いため、ただ居心地がよいだけのなまぬるいクラスになりやすい面があります。

「学習クラス」は非常に対話的で協働的なクラスです。それだけではなく、新しいことに挑戦しようとする子どもたちも多く見られます。そのような活動を経験していくことで、多くを学び、新しい価値を創造するようなクラスになっていきます。この「学習クラス」を目指して、教室の心理的安全性を高めていくことが大切なのです。

心理的安全性の勘違い

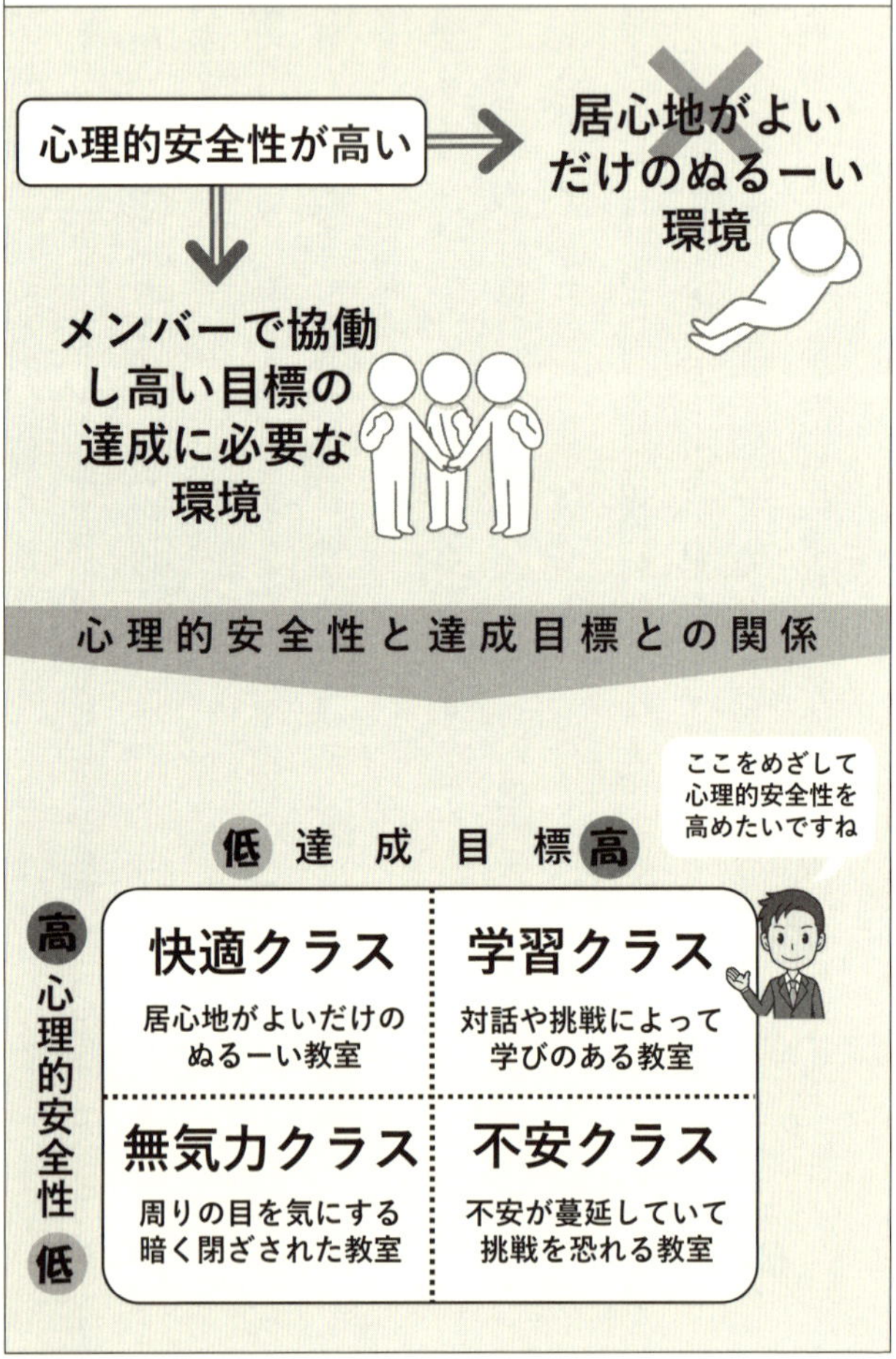

心理的安全性が高い
居心地がよいだけのぬるーい環境
メンバーで協働し高い目標の達成に必要な環境
心理的安全性と達成目標との関係
ここをめざして心理的安全性を高めたいですね
低 達成目標 高
高 心理的安全性 低
快適クラス
居心地がよいだけのぬるーい教室
学習クラス
対話や挑戦によって学びのある教室
無気力クラス
周りの目を気にする暗く閉ざされた教室
不安クラス
不安が蔓延していて挑戦を恐れる教室

心理的安全性が解決！教員たちの悩み　子どもたちの悩み

ここ数年、SNSで教育に関する投稿が頻繁に見られるようになりました。そんななかで、全国の教員の投稿に悲鳴に近いものを目にすることが増えました。その内容の多くは学級経営に苦しんでいるものでした。自分の現場に目を移しても、学級経営に悩み、苦しむ人がたくさんいます。このように教員が学級経営で悩み、苦しんでいるということは、その学級に在籍している子どもたちも悩み、苦しんでいるということです。

様々な学級経営の手法や理論がありますが、私は心理的安全性が多くの悩みを解消させる「漢方薬」のようなものだと感じています。あくまでも、特効薬ではなく漢方薬です。「これで万事解決！」「明日から変わる！」といった即効性や、簡単手軽に効果を実感できるようなものではありません。心理的安全性は風土であり、メンバーに共有される意思です。漢方薬のようにじわじわと、しかし確実に根本からよくなっていくようなものというイメージです。その風土や意思の醸成には時間も、労力もかかります。だからこそ、付け焼刃のような変化ではなく、本質的な変化が期待されるものだと思います。

教員たちの悩み

学級経営において、教員たちの悩みには、どのようなものがあるのでしょうか。一つは生徒指導上の問題です。教室内の空気が悪かったり、悪口や陰口が多く聞かれたりするようなものもあります。子ども同士のトラブルやいじめが多発しているかもしれません。また、子どもの主体性に課題を感じているという場合もあります。子どもがいわれたことしかしなかったり、積極的な協働への参加がむずかしかったり……。さらには関係性の問題もあります。子ども同士の関係性が悪く、周囲の顔色ばかり気にする子どもが多かったり、子どもとの関係性が悪かったりすることで悩んでいる教員も多くいます。

子どもの悩み

それでは、学級において子どもの悩みには、どのようなものがあるのでしょうか。様々な調査結果がありますが、どの調査でも多く見られるのが「勉強や進路」といった学習面と、「友達関係」といった対人面の二つです。学習面では、勉強がわからないことで成績がよくなかったり、それに起因して進路に不安を感じていたりしています。本当はわからないことを「わからない」といえればよいのですが、なかなかいえずにそのままにしてしまう子もいます。対人面では、友達から嫌われないかと不安を抱く子や、グループや派閥に悩んでいる子もいるでしょう。もしかしたらいじめられていて、誰にもいえずに苦しんでいる子もいるかもしれません。

心理的安全性の四因子

心理的安全性の高さに関わる四因子がありました。「話しやすさ」「助け合い」「挑戦」「新奇歓迎」です。ここまで見てきた悩みは、この四因子が十分に醸成された教室では解決しやすいものだと考えられます。また、子ども同士の関係性や教員と子どもとの関係性もよくなります。さらに、「挑戦」因子があれば子どもの主体性もグンと高まるでしょう。学習に関しても、「助け合い」因子が高く、わからないことをわからないといえれば、できないことを放置せずに解決することができます。この風土はじわじわと醸成されるため、リーダーである教員の粘り強さも重要になります。

教員たちや子どもたちの悩み

いじめが起きている
子どもが主体的にならない
人の顔色を気にする子ばかりだ
子どもたちとの関わり方が難しい
いわれたことしかしない
悪口や陰口が横行している
トラブルが頻発する
殺伐とした空気が教室にある
心理的安全性
漢方薬
漢方薬
いじめられている
教室の雰囲気が悪い
友達から嫌われたくない
挑戦したくてもできない
間違えたら周りから笑われる
勉強や進路のことで困っている
派閥ができている
わからないことを素直にいえない

第3章

心理的安全性を高める学級経営

「教師観」「子ども観」を変えることから始めよう

ここからは、心理的安全性を高める学級経営を具体的に考えていきましょう。なお、心理的安全性を高める学級経営は「甘やかすこと」ではありませんので、勘違いしないようにしてください。ちなみに、エイミー・C・エドモンドソンも心理的安全性を高めるためのリーダーの行動として、「境界を超えたことについてはメンバーに責任を負わせる」としています。学級経営でいえば、**学級のルールを破ったり、他者の心身を傷つけるような行動が見られたりする場合は毅然として指導する必要がある**ということです。これをエドモンドソンは「橋に設置されたガードレール」と表現しています。橋にガードレールという境界がないと車は安心して運転できません。学級経営でも、ルールや指針をはっきりさせることが、子どもたちの安心につながるということです。そして、それを逸脱する行動をする子どもには指導が必要です。境界を超えた行動を容認していては、ルールを守っている子どもたちの心理的安全性が保障できないからです。つまり、どのような行動がよいのか、よくないのかを明確に価値づけしていく必要があるのです。このような前提を踏まえた上で、これからの内容を読んでもらえたらと思います。

「教師観」を変えよう

ビシッとした空気で静謐《せいひつ》な教室、子どもたちは教員の指示に従順で、教員はわかりやすい授業をする完璧な存在……。

これまで求められ、評価されてきたのは、このように、クラスを「抑えている」教員であり、教室です。学級が荒れ、崩壊してしまうよりはよいのですが、これでは心理的安全性を高め、自ら学習するクラスに変えることはむずかしくなります。何より、このような教室は、その「抑えている教員」の指示がないと動けない「指示待ちクラス」になったり、「抑えている教員」がいなくなった途端に荒れ始めたりといった可能性が高くなります。

心理的安全性を高め、自ら学習するクラスを目指すためには、こうした感覚を転換させる必要があります。今後、心理的安全性を高めるために必要なのは「クラスを生き生きとさせる」ための教員の存在です。主体性を高めるために、授業はわくわく感を大切にし、子どもの必要感から出発する授業を目指す教員です。生徒指導では「起こさない」のではなく、「起きても解決できる教室」に価値を置きます。あまりにも「起こさない」ことに価値を置くと、いじめや教室の荒廃を教員が隠すようになる危険性もあります。「この教室なら解決できる」という意思を教室全体で共有することが大切です。そして、教員は完璧でないといけないのではなく、教員自身が様々な挑戦をして「失敗を見せる者」となるのです。しかし、これらは先述した「ゆるい」や「あまい」ではありません。教室で共有する目標は、教室の実態に応じて高く保つ必要があります。これが、これから求められる教師観だと考えます。

「子ども観」を変えよう

ＯＥＣＤのラーニング・コンパスや学習指導要領の改訂などで、求められる授業が大きく変わろうとしています。各自治体が示す授業の目標も「子どもを主語とした」や「探究的な」といった、子どもを出発点とする授業観になってきています。

しかし、現場ではまだまだ「教員が正解をもった授業」が行われています。それは授業者の「子ども観」が表れているのだと、私は思っています。子どもはできないことばかりだから、たくさんの支援をして、たくさんのことを教えて、正解に導くことが授業だと、無意識に捉えている場合も大いにありそうです。また、子どものやりたいことを自由にさせたらクラスが荒れると思っている場合もあります。教員の話をしっかり聞いて、いわれたことをいわれた通りにする子どもが「いい子」だと思われることもあります。

しかし、子どもを出発点とする授業を目指すなら、こうした「子ども観」を転換する必要があります。子どもの発言から授業をつくるためには、子どもがいいたいことをいえる環境が必要です。やりたいことをやるためには挑戦できる環境も必要であり、そこでは心理的安全性が何より重要になります。

心理的安全性を高めるための子ども観は、子どもは「やればできる」、学び方を知りさえすれば「自ら学ぶ力がある」「自分の力で考えることができる」という見方です。これは決して放任ではありません。教員は、子どもたちの学ぶ力を信じて、学ぶ足場を設定するのです。そのなかで、少しずつ子どもたちに学びの主導権を渡していく。そこでは相当な覚悟が必要になるでしょう。しかし、心理的安全性が高まっていけば、うまくいかないことがあっても、「うまくいかないことを学ぶことができた」と前向きに捉えることができるようになるはずです。

「教師観」を変えよう

これまでの求められる「教師観」

授　業　は「わかりやすさ」
生徒指導は「起こさない」
教　師　は「しっかり者」

クラスはビシッとさせる

これから求められる「教師観」

授　業　は「わくわく感」
生徒指導は「解決するもの」
教師は「失敗を見せる者」

クラスは生き生きとさせる

「子ども観」を変えよう

これまでの求められる「子ども観」

子どもは「できない」

子どもは「教えてもらう」

子どもは「指示に従う」

子どもは静謐《せいひつ》で従順がいい

これから求められる「子ども観」

子どもは「やればできる」

子どもは「自ら学ぶ力がある」

子どもは「自分の力で考える」

自分らしさを出せる子どもがよい

子どもの価値ある行動を増やすための「価値づけ」

「価値づけ」という言葉

様々な学級経営論があると思いますが、多くに共通していることは「価値づけをする」ということです。この「価値づけ」という言葉ですが、よくいわれるものとしては「褒める」「認める」といったものが挙げられます。様々なニュアンスがありますが、私はこれらをまとめて「価値づけ」と呼んでいます。私も長年「褒める」意識で子どもたちに言葉をかけてきましたが、効果はまちまちで、自分自身でもしっくりきていませんでした。「認める」言葉かけも同様でした。そこで「価値づけ」の意識で言葉をかけるようにしたところ、子どもたちの変容が見られ、私自身も手ごたえを感じることが多くなりました。

私の場合、褒める意識だと「えらいね」「すごいね」など、子どもの頭を「よしよし」とするようなニュアンスになり、そのときは子どもも喜びますが、その後の行動につながりにくいものでした。また、認める言葉は抽象的なので、私の言葉の軸が定まらず、子どもたちもうまく受け止めることができませんでした。そのため、こちらが伝えたいことがなかなか伝わらないということがありました。

私が考える「価値づけ」は、「行動」にフォーカスする意識です。その行動がなぜよいのか、その行動によってどのようなことが起こるのか、その行動を教員はどう感じるのかを明確にして伝えるようにしました。すると、伝えたいことが子どもたちに明確に伝わるようになりました。そして子どもたちの行動もみるみる変わっていきました。「褒める」でも「認める」でもうまくいかなかったことが、「価値づけ」によって歯車がかみ合うように回り始める実感がありました。

きっかけ→行動→見返り

少し、応用行動分析の話をします。石井遼介氏の著書[7]のなかで紹介していますが「きっかけ→行動→見返り」という考え方があります。人は何か「きっかけ」があって「行動」を起こします。そして、その行動から得られる「見返り」によって、次からその行動を増やすか減らすかが決まるというものです。例えば、彼女が重たい物をもっている（きっかけ）→彼女の荷物をもつ（行動）→彼女から感謝された（見返り）というイメージです。

彼女から感謝されたという見返りがあったため、きっとこの彼は、次もまた彼女の荷物をもつことでしょう。このように、見返りによってその行動を増やすことを「強化」といいます。「彼女から感謝された」という見返りが、彼の「彼女の荷物をもつ」という行動を強化したということです。しかし、逆に彼女の反応が「勝手なことしないでよ！」という怒りだったらどうでしょう。彼女が重たい物をもっている（きっかけ）→彼女の荷物をもつ（行動）→彼女から怒られた（見返り）、というフローになります。すると、きっとこの彼は彼女の荷物をもつことはなくなるでしょう。このような行動の減少を「弱化」といい、先ほどとは逆に、行動を減らすことになります。

私はこの「きっかけ→行動→見返り」のフローを見てビビッときました。先述した「価値づけ」の効果が、まさにこれだったからです。そこで私は、この「きっかけ→行動→見返り」を学級経営バージョンにしてみました。それが87ページの図にあるような「きっかけ→行動→価値づけ」です。

学級のなかには増やしたい行動というものがあります。それは、思いやりのある行動、主体的な行動、誠実な行動など様々です。そうした「増やしたい行動」を、価値づけという見返りによって強化していくのです。そして、心理的安全性を感じる四つの因子「話しやすさ」「助け合い」「挑戦」「新奇歓迎」を高めるための行動を価値づけていくのです。

一方で、「それはよくない」といった価値づけもあります。つまり、叱ったり、いさめたり、または反応しないといったものです。こちらが増やしたくないと思う行動を弱化させるために必要な価値づけです。しかし、この弱化の反応は一時的なものであるといわれています。そのときは効果が見られますが、減らしたい行動が再度見られるようになるということです。そのため、弱化の価値づけをしながらも、必ず強化の価値づけを増やしていくように教員側が意識することも大切です。

「きっかけ」を把握することも大切

そもそも、なぜ子どもがそのような行動をとったのかという「きっかけ」を把握することで、子どもへのアプローチや支援の方法も変わってきます。例えば、グループづくりで一人になっている子に声をかけたAさんがいたとします。Aさんの「声をかける」という行動のきっかけは「一人の子がいた」ですが、おそらくAさん以外のほかの子も気づいていたはずです。それなのにAさんが声をかけたのは、もしかしたら「放っておけない性格」なのかもしれないし、「自分も以前、一人になったことがあるから」かもしれません。どこまで掘り下げるかは状況によりますが、そのきっかけには、その子なりの思いが表れることもあります。

また、陰でコソコソ悪口をいっている子の行動を減らしたいとき、価値づけによって叱ったり、説得したりすることがあると思います。きっかけを聞くと「ケンカをしたから」ということもよくあります。しかし、「どんなケンカ？」「いつから？」「誰が関わっている？」と掘り下げていくと、「前の学年のときのケンカが解消してなくて、そこに○○さんと□□さんも関わって……」と、きっかけの解像度がグンと上がることがあります。ほかにも、おしゃべりをしてしまう子には、どんな「きっかけ」があるのか。暴力をふるってしまう子には、どんな「きっかけ」があるのか。ほとんど発表しない子には、どんな「きっかけ」があったのか。そうした「きっかけ」を深く考えたり、把握したりすることで、子どもたちへのアプローチも変わり、解決の糸口が見つかるかもしれません。

子どもの行動を「価値づけ」しよう〔3〕

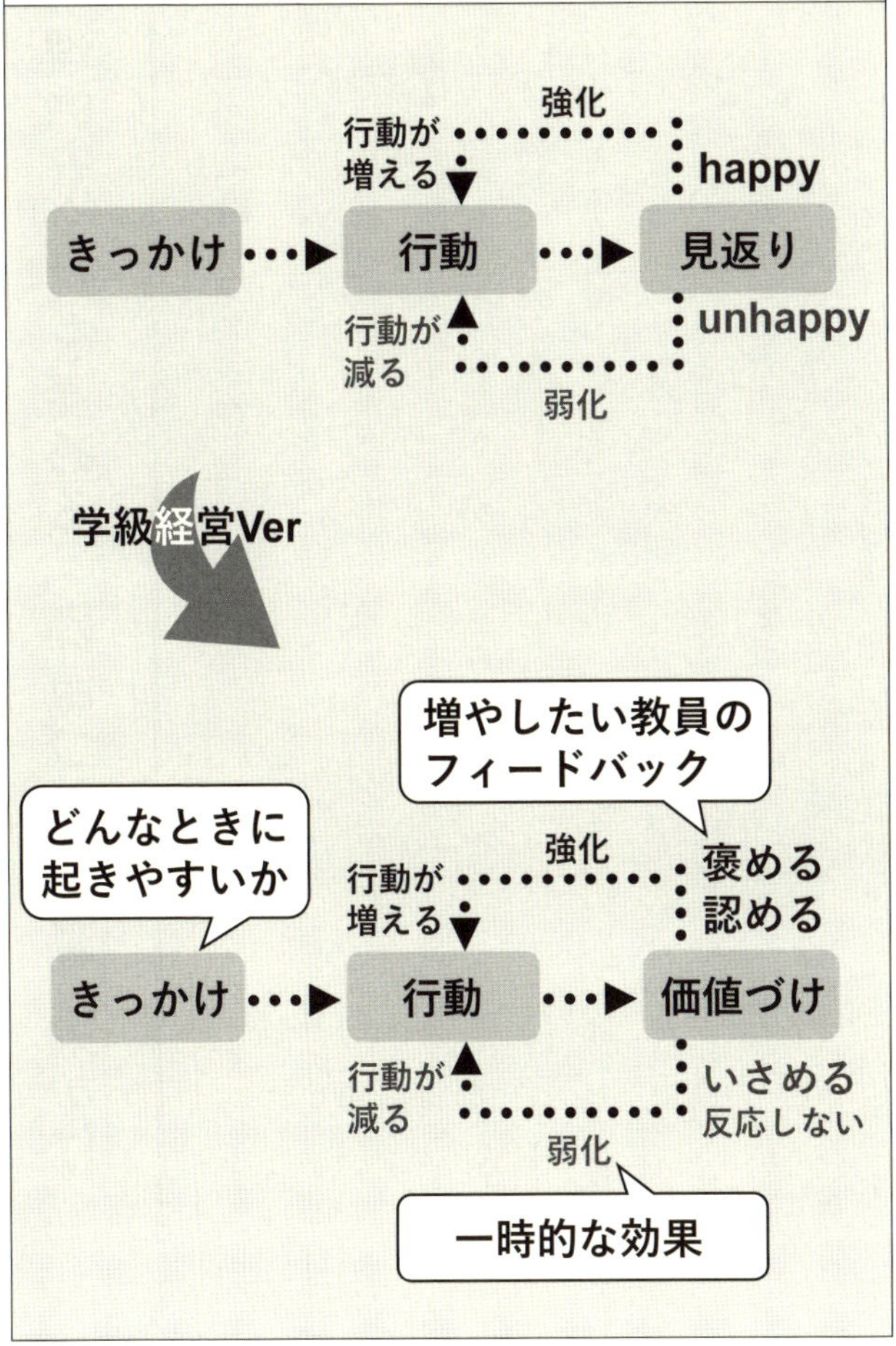

心理的安全性を高める「価値づけ」の言葉かけ

パターン1

「話しやすさ」

きっかけ↓　みんな遊び係が企画した遊びで、ルールの認識の違いがあり、子どもたちから係に対して不満が出た。係に対して文句を直接いう子もいた。

行　動↓　その日の帰りの会で、児童Aが「せっかくみんな遊び係が考えてくれたのに、みんなで不満をいうのはかわいそうだと思いました。どうするのがいいかはみんなで話し合えばいいと思います」という発表があった。

価値づけ↓　(全体に向かって)「Aさんの発言で、みんな遊び係の人はほっとしていると思います。とても思いやりのある発言だと思います。Aさんが素敵だったのは、思ったことを黙ったままにしなかったことです。そして、それを聞いているみんなも、しっかりと受け止めようとしているところが素敵です。不満は改善の種です。思いやりをもって発言できれば、きっと、もっといい活動にすることができます。思ったことを話せる環境、素敵ですね」

パターン2「助け合い」

きっかけ↓ 算数の時間で練習問題を解いているとき、手が止まる児童Bがいた。早く解き終わっていた児童Cは、Bに解き方を教えようとした。

行　動↓ Cが教えようとすると「お前に教わらなくてもいい！」とBは拒絶をした。Cは悲しそうにその場を離れた。

価値づけ↓ （Bになぜ拒絶したかを聞き取った上で、Bに向かって）「Bさんの気持ちはよくわかりました。自分の力で最後までやってみることも大切なこと。ただ、先生がCさんならそのいい方をされるとすごく傷ついてしまう。そして、あなたにはきっとわからないといえる勇気もあるはず。Bさんがわからないといって助けを求める姿が見られたら、先生もうれしいよ」
（Cに向かって、Bの気持ちを伝えつつ）「先生はCさんの思いやりのある行動はとっても好きだから、ぜひこのまま続けてほしい。Bさんも少しずつ変わっていこうとしているから、またCさんも一緒に応援していこう。困っている人を見つけるCさんの力、すごいと思うよ」

パターン3 「挑戦」

きっかけ↓ 自分のクラスのみんな遊び係が、係として学年目標を目指すための取り組みをしたいと考えた。

行　動↓ みんな遊び係が学年全体に、インターネットのアンケートフォームを初めて活用してアンケートをとり、遊ぶ内容を決めて、学年全体でみんな遊びをしたいと提案してきた。

価値づけ↓ （みんな遊び係に向かって）「ナイス挑戦！　そうやって初めてのことでもやってみようと思って行動に移せると、ほかの係にも挑戦の見本になるよ。学年目標も意識できているのが素敵だね。そういうのはどんどんやってみよう」

（全体に向かって）「今回のみんな遊び係のように、こんなことやってみたいなとか、挑戦してみたいなとか、思ったことを行動に移すことはとても大切です。初めての挑戦なので、うまくいかないこともあります。でも、みんなはこの挑戦を応援する気持ちで参加してほしいと思います」

パターン4「新奇歓迎」

きっかけ↓ 国語科の授業で『ごんぎつね』を題材に、「ごんは、ぐったりと目をつぶったまま、うなずきました」という場面のごんの心情を考えた。

行　動↓ 多くの児童が「うれしかった」や「少し悲しかった」と発言し、授業がまとまろうとしているところで、児童Dだけが「ごんは怒っていた」と発言した。

価値づけ↓ (Dに向かって)「すごい視点(見方)だね。先生はそんなこと考えたことなかったから、今ワクワクしてるよ。おもしろいよ」
(全体に向かって)「Dさんのようなことを考えた人はいますか。じゃあDさんの視点(見方)も入れてもう一度考えてみよう。Dさんはどのように考えたんだと思う?」
(Dに向かって)「では、改めて聞くけど、Dさんはどんなことから、ごんは怒っていると考えたのかな」

※授業時間が終わりに近い場合は無理に続けず、次回に持ち越すことで、Dの意見が「時間を奪うもの」にならないようにする。

教室の心理的安全性を見取ろう

前章の『心理的安全性の勘違い』（67ページ）で紹介したように、心理的安全性には達成目標という視点が重要になってきます。そして、心理的安全性と達成目標との関係を二軸とした図を示しました（下図）。

この項では、自分のクラスが図のどれに当てはまるのかを見取るために、各クラスの具体的な姿を考えていきたいと思います。ただし、ここで紹介する例は、あくまでも傾向だということに留意してください。「〇〇という姿が見られたから無気力クラスだ」と型にはめて断定することは早計です。また、「不安クラスだけど、かなり学習クラス寄り」ということもあります。下図の二元表をうまく活用して、対象のクラスを見取ってほしいと思います。

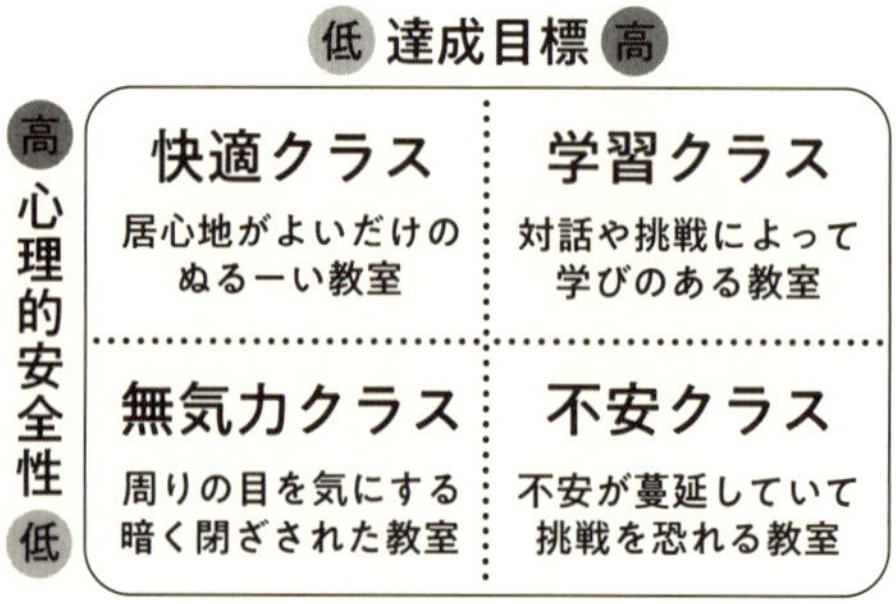

学習クラス

学習クラスは、心理的安全性が高く、また達成目標も高いクラスです。このクラスは心理的安全性が高いので、何をいっても大丈夫だという風土があります。そのため、授業中は鋭く、深い内容の意見交換が見られます。意見の対立も見られますが、意見の対立が人間関係の対立には影響しません。また、話し合いがまとまりそうな雰囲気でも、反対意見や違う視点の意見が出ます。意見がぶつかり合うので、もめごとが発生することもありますが、「自分たちはトラブルを解決することができる」という集団的効力感も高く、トラブルが尾を引くことはありません。

また、様々なことに挑戦的なので、実行委員や代表などに立候補する子どもも多く見られます。係活動にも積極的で、いろいろなアイデアを思いついては「とりあえず、やってみよう」とどんどん挑戦します。そのため、うまくいかないことも多いのですが、「失敗は学びだ」という信念があるので、失敗を恐れません。むしろ失敗を歓迎する風土があります。子ども同士、そして子どもと教員との信頼関係も強いので困ったことはすぐに相談することができます。

快適クラス

快適クラスは、心理的安全性が高く、達成目標は低いクラスです。このクラスは心理的安全性が高いので、クラスの雰囲気はとてもよく、みんなの仲がよいのが特長です。子どもたちは楽しく学校に通えているので、子どもも保護者も満足度は高い状態です。

その一方で、学習のなかでは、あまり深く学ぶことがありません。班の話し合いでも「こうしておけばいいんじゃない?」「テキトーにしておこう」と、対話が活発化しません。学びの欲求が高くないため、班での話し合い活動は短時間で終わり、時間が来るのを待つという班も多く見られます。

また、係活動もほとんど当番活動のようになっています。一見、子どもたちだけで回しているように見えますが、「こなす」だけの活動になっていて、新しいアイデアや新規の挑戦などが生まれることがむずかしくなっています。

これは、クラスがとても快適な環境となっているにもかかわらず、学習も、学級としても目指すべき目標がない、または目標を達成したいと思えていないため、居心地がよいだけのぬるい教室になっていると考えられます。

不安クラス

不安クラスは、心理的安全性が低いのですが、達成目標は高いクラスです。このクラスは心理的安全性が低いため、挑戦したくてもできない風土があります。しかし、教員は目指すべき目標をしっかりと提示して、子どもたちを鼓舞する様子が見られます。そのため、教員だけが空回りしているような状況です。やがて教員の声かけは、子どもたちへの鼓舞から叱責へと変わります。間違え、または失敗などの行動は教員から叱られます。この雰囲気は子どもたちへと伝わり、今度は子どもたち同士が注意をし合い、キツイ言葉が飛び交うようになります。

教員が正解をもっているので、教員の指示がないと動けません。さらに図工や作文などの学習では「先生、これでいいですか」と細かく先生に確認する子どもが多く見られます。常に不安なので挑戦することを恐れていて、自己評価も低くなっています。

これは、子ども同士、教員と子どもとの信頼関係ができていないのに高い目標を提示されていることや、「先生が絶対」という雰囲気が教室にあり、それが不安となって、常に教室に蔓延しているためだと考えられます。

無気力クラス

無気力クラスは、心理的安全性が低く、達成目標も低いクラスです。このクラスでは、意地悪やいじめ、陰口や悪口が横行しているため、教室に入るだけで不穏な空気を感じます。また、クラスでの序列化がはっきりとしていて、いわゆるスクールカーストができています。そのため、子どもたちは常に周囲の目を気にしながら過ごしています。授業中も挙手はほとんどなく、班活動や話し合い活動がもめ事の原因となることも多くあります。

子どもたちと教員の信頼関係が築けていないので、教員の指示では動きません。それどころか、反抗したり無視したりして、教室内での自分のポジションを確保することに躍起になっています。教室外の学習では遅刻は当たり前。担任以外の教員が教室に入ると大荒れします。学級崩壊を防ぐためにも、今すぐに対策委員会をつくる必要があります。

無気力クラスになった原因は非常に複雑です。様々な視点から原因を考え、突き止めて、学校として改善を考えていく必要があります。

教室の心理的安全性を見取ろう

男女関係なく仲がよい
楽観的な雰囲気がある
班活動の参加度は高い
挑戦しようとはあまりしない
話し合いが表面的なまま終わる
すぐに満足する子が多い
学びの欲求は高くない

様々なことに挑戦的
話し合いが活発で建設的
反対意見が出て学びが深まる
意見対立が人間関係に影響しない
失敗を歓迎する雰囲気
教員と子どもに信頼関係がある
もめ事は解決可能だと信じている

低　達成目標　高

高　心理的安全性　低

快適クラス 居心地がいいだけの ぬるーい教室	**学習クラス** 対話や挑戦によって 学びのある教室
無気力クラス 周りの目を気にする 暗く閉ざされた教室	**不安クラス** 不安が蔓延していて 挑戦を恐れる教室

いじわる、いじめが横行している
陰口や悪口が頻繁に聞かれる
教員の指示で動けない、動かない
移動教室等で遅刻が当たり前
授業中の挙手がほとんどない
授業に取り組まない子どもが多い
教室環境が雑然としてゴミも多い

教員の指示がないと動けない
「先生これでいいですか」が多い
教員が怒ってクラスを押さえる
目標・教員が空回りしている
キツイ言葉が飛び交っている
子ども同士の注意が多発する
目標に対する自己評価が低い

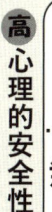

パターン別　心理的安全性を高めるアプローチ

①学習クラス

学習クラスは何をいっても許され、挑戦や失敗が歓迎されるクラスです。対話が活性化し、新しいアイデアや挑戦が生まれやすい環境にあるため、子どもたちの力で学習が進む教室を目指していきます。

まずは、**創造的な挑戦の場を設定**します。創造的な挑戦の場とは、例えば、係活動が該当します。平成二十九年告示の小学校学習指導要領特別活動編には「係活動は、学級の児童が学級内の仕事を分担処理し、児童の力で学級生活を楽しく豊かにすることをねらいとしている。したがって、当番活動と係活動の違いに留意し、教科に関する仕事や教師の仕事の一部を担うような係にならないようにすることが大切である。（中略）学級生活を共に楽しく豊かにするために創意工夫しながら自主的、実践的に取り組むことができる活動を行うようにする」とされています。つまり、係活動は「あれば学校生活がより楽しい」もので「子どもがやりたいことを工夫して行う」活動なのです。この当番活動と係活動の違いを子どもたちに説明し、理解してもらいます。その上で、子どもたちがワクワクするような、学校が楽しくなるようなものを考えてもらい、実践してもらうのです。失敗はつきものだという価値観も併せて共有しましょう。創造的な場は、ほかにも子どもたちが学校運営（校則の見直しやボランティア活動等）に参加するような場の設定や、学びの成果を校内や地域へ発信等、教室外に学びを広げる活動も考えられます。これらも、あくまで「学習者主体」として取り組んでいきます。

次に、授業や宿題を**自立・自律した学習**へと発展させます。先述したような「学習者主体」の学びです。心理的安全性も、達成目標も高く明確なため、学びへ向かう意欲も非常に高いものがあります。失敗しても大丈夫ですし、子ども同士で助け合うことができるので、自分で学びを決めることも臆することなく取り組めます。子どもが前に立って先生役をしてもよいでしょう。子どもが進める授業は事前準備や子どもとの打ち合わせも必要になりますが、そのときの子どもの目は生き生きとしています。また、自ら問いを立てる力があれば探究的な学びもかなり深い学習ができます。自由進度学習を取り入れて、個別最適をねらってもよいと思います。なぜなら、学習クラスでは必要があれば助け合え、個性を発揮する学びが奨励されているからです。このような学習を行うには、学び方を学ぶ必要もあります。初めのうちは、自ら学ぶ価値の共有や、その方法などを指導することも大切です。しかし、学び方がわかると、家庭学習も「やらされる」ものから「自ら取り組む」ものへと進化させることができ、自習学習が大きくレベルアップします。

そして、価値を創造するような協働学習の実現を目指します。金沢学院大学教育学部教授で教育学者の多田孝志氏は著書のなかで、対話的な学びの最高ステージとして「参加者全員が当事者意識・共創意識を持ち、多様な見解・対立などのズレを生かし、様々な見解や感想を分類・整理しつつ、解や智慧《ちえ》を共創していく。さらに、新たな問いを発見し、次々と知的世界を探究していく」と提示しています。[8] 解や智慧の共創、新たな問いの発見という価値を創造していくことが対話の目指すところです。そのためには、集団としての合意形成の図り方を学ぶことが大切です。合意形成にはコンセンサスとアコモデーションなどの種類があることを学び、体験していきます。そして、批判的に意見を捉えて考えを研いでいく力の批判的思考力（クリティカルシンキング）を高める必要もあります。このような活動を通して、子どもたちは有用感や効力感をもちながら、さらに心理的安全性を高めていくことになります。

心理的安全性を高めるアプローチ

学習クラス

すでに
対話や挑戦によって学びのある教室

子どもたちの力で
学習が進む教室へ

創造的な挑戦の場を作る
- 学校運営に参画
- 係や実行委員
- 校内や地域へ発信

自立・自律した学習へ
- 子どもが進める授業
- 探究的な学習
- 自由進度学習

価値を創造するような協働学習
- 高度な合意形成
- 批判的思考
- 発展的智慧の創造

さらに生産性を上げる教室へ

②快適クラス

快適クラスは心理的安全性が高いので、子どもたちは教室の居心地のよさを感じています。一方で、学習や学級活動等への意欲は高くなく、学習の深まりや独創的で挑戦的な取り組みが生まれにくいクラスでもあります。そのため、**高めの目標を設定して、様々なことに子どもたちが挑戦する教室**を目指していきます。

まずは、**挑戦の機会を保障**します。心理的安全性は高いのですが、挑戦的な活動や取り組みが起こらないのは、何をどのように挑戦したらよいのかを知らないのかもしれません。また、「こんなことしてみたいな」と思っていても、取り組む時間がないのかもしれません。私が四年生を担任したときに、一つの係に「パソコンでクイズを作って出題してみたら？」と促すと、ほかの係も次々とクイズを作り始めました。子どもが「先生！クイズ大会しよう！」といい出したので、クイズ大会の機会を設定することになりました。そこから、調べたことを発信する係や、自分たちで授業を進める係など、様々なアイデアと取り組みが生まれていきました。このように、一つの方法を知り、挑戦の機会を得られれば、それが呼び水になり、次の挑戦が生まれていくのです。

次に学習面では、学習目標を子どもたちと共有します。授業ではよく「めあて」が立てられますが、多くのめあては「○○の計算のしかたを考えよう」や「□□について説明できるようになろう」といった表現がなされます。しかし、この表現では基準が曖昧です。つまり、どのくらいできれば、とてもよくできたといえるのかがわからないのです。基準がわからなければ達成感も得られにくくなります。有名な評価の共有方法として「ルーブリック評価」があります。そこでは、身につけたい力は何か、どのような基準があるのかが示されているため、子どもたちは学習に取り組みやすく、また自分自身を振り返りやすくなります。私は、算数科の学習で、自由進度学習に取り組ませるときにも、ルーブリック評価を活用します。対話を通して交流をしてほしかったり、多面的に考えてほしかったりする内容では、そのことについての評価基準を設けることで、子どもたちは「何を、どこまで挑戦すればよいのか」が明確になります。

そして次に、質問や批判で議論が深まるような協働の学習を設定します。心理的安全性が高いので、「何をいっても大丈夫」だと子どもたちは感じています。しかし、「何をいったらいいのか」はわかっていないことがあります。そこで、「何をいっても大丈夫」を生かして、互いに質問し合ったり、批判的な視点で意見を交流したりできる協働学習を設定します。先述した通り、「何をいったらよいのか」わからない場合があるので、「質問の言葉集」を提示します。また、批判的な視点では「さらに話し合いが深まる言葉集」として提示します。

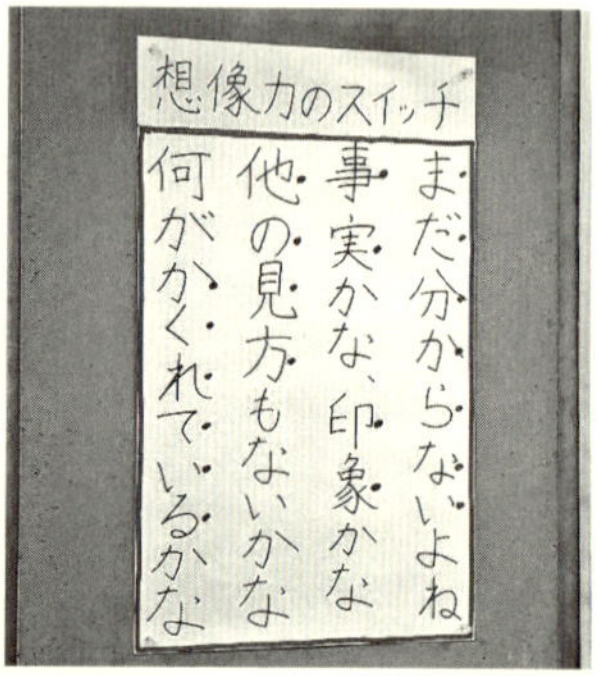

5年生の『想像力のスイッチを入れよう』で
紹介されていた内容の掲示

『聞いて、考えよう』でクリティカルシンキングを養おう！
～『想像力のスイッチを入れよう』をもとにぃぃ！～

まだわからないよね	事実かな印象かな	他の見方もないかな	何がかくれているかな
▶本当にそうかな	▶それは事実かな印象かな	▶問題はそこかな	▶話の筋は通っているかな
▶～ってどういうことかな	▶その事実は正しいのかな	▶別の考え方や方法はないかな	▶おかしなところはないかな

ソウカナでクリティカルに考える

(結論を) **ソク断しない**　(印象を) **ウのみにしない**　(1つの見方に) **カタよらない**　(スポットライトの) **ナカだけを見ない**

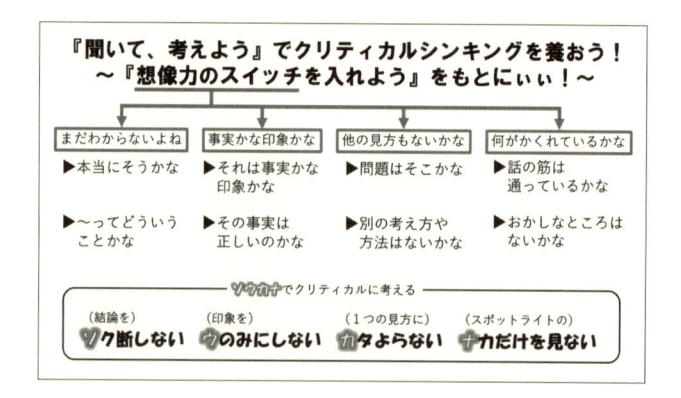

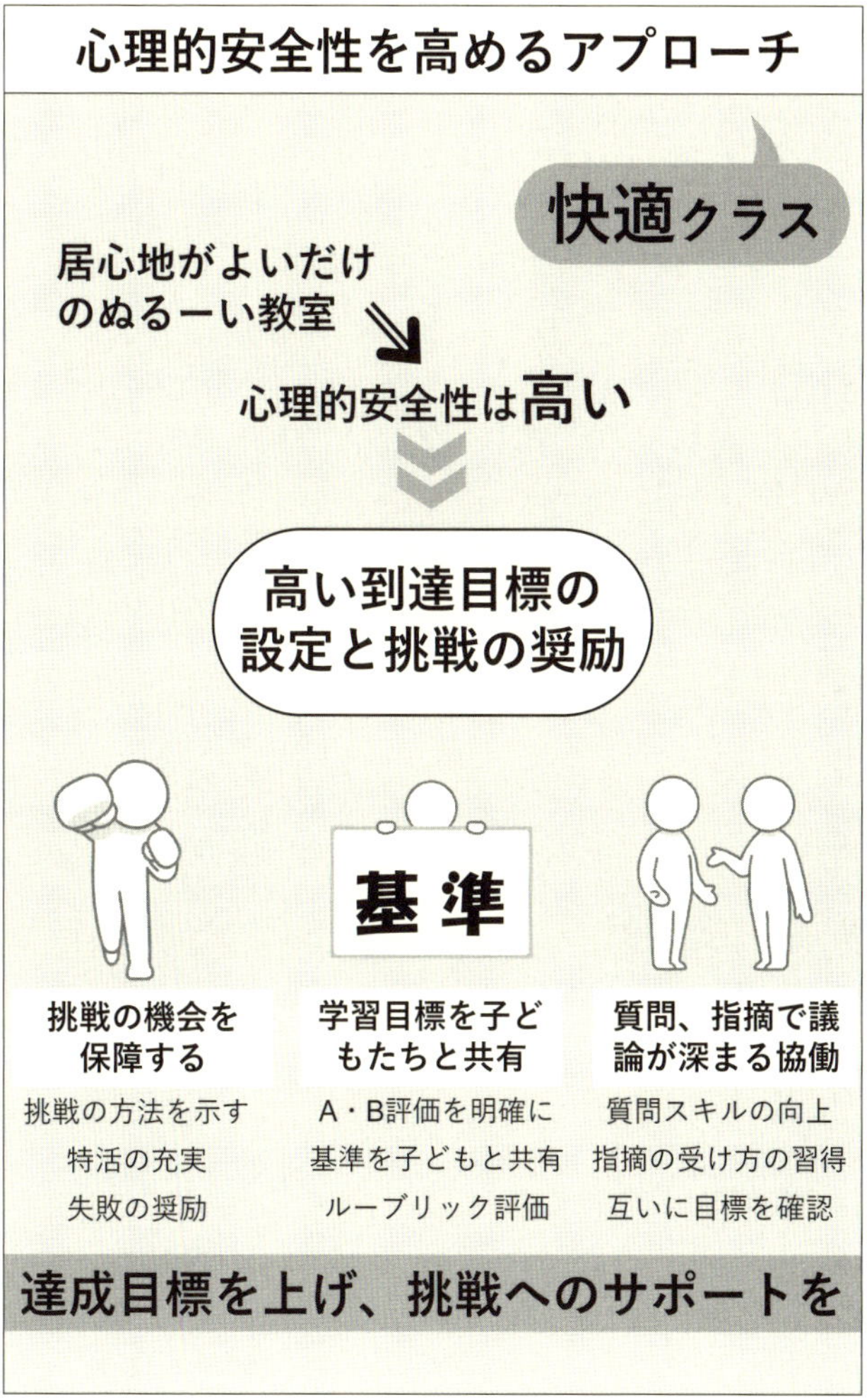
心理的安全性を高めるアプローチ
快適クラス
居心地がよいだけ
のぬるーい教室
心理的安全性は高い
高い到達目標の
設定と挑戦の奨励
基準
挑戦の機会を
保障する
挑戦の方法を示す
特活の充実
失敗の奨励
学習目標を子ど
もたちと共有
A・B評価を明確に
基準を子どもと共有
ルーブリック評価
質問、指摘で議
論が深まる協働
質問スキルの向上
指摘の受け方の習得
互いに目標を確認
達成目標を上げ、挑戦へのサポートを

③不安クラス

不安クラスは、達成目標は高いものの、心理的安全性が低く、不安が蔓延していて、挑戦することを恐れる傾向にあります。教室には対話や発表の仕方についての掲示物などが多く見られますが、子ども同士の対話は少なく、発表も決まった子しかしないといった様子も見られます。そのため、**達成目標を下げずに「失敗しても大丈夫」と思える教室**を目指します。

まずは**エフィカシー（効力感）を高める**ことから始めます。エフィカシーとは「自分（自分たち）はできる」という信念や感情のことをさします。エフィカシーには「セルフ・エフィカシー（自己効力感）」と「コレクティブ・エフィカシー（集団的効力感）」があります。不安クラスの子どもたちは、「できる」という自信が低く、「先生、これでいいですか」と教員の正解を探してしまいます。そこで「自分はできる」や「自分たちはできる」と、自信を高める必要があります。オーストラリアのメルボルン大学名誉教授で教育研究者のジョン・ハッティは「成功が自信を生み、他者からの援助が自信を生み、学ぶことの楽しさが自信を生む」と述べています。[9] 前向きな声かけを増やして、個人的または集団的な成功体験を増やし、それを自己評価する場面を設定していきます。

次に、**ルールではなく役割で動く**子どもたちを目指します。具体的に私が実践していることは「当番活動」と「係活動」です。当番活動は、学校生活でなくてはならない仕事のようなもので、黒板消しや窓の開閉、植物の水やりなどがあります。一方、係活動は、なくてもいいけど、あるとよりよい学校生活を送れるものです。誕生日係やみんな遊び係などがあります。当番活動では「一人一当番」にして、必ず何か当番を担うようにします。そうすることで、「誰かがやる」ではなく「みんながやる」意識をもつことができ、そのなかで少しずつ創意工夫が見えてきます。そうした子どもの主体性を価値づけていくことが大切です。また、係活動は活躍の宝庫です。係活動が盛り上がると「係活動をしたいから明日も早く学校に行きたいな」という子どもも見られるようになります。体育係が「先生、体育の授業を体育係がやってもいいですか」といってきたこともあります。当番活動や係活動以外には、実行委員活動も考えられます。このような活動を通して、ルールに縛られて窮屈だった子どもたちを、のびのびと挑戦できる環境に移していくことが必要になります。

次に、**感謝や前向きな考えを伝え合う機会**をつくっていきます。不安クラスでは、子ども同士が注意をし合って、ギスギスした雰囲気になることがあります。そのような場合は「子どもを注意するのは先生だけにして、みんなは前向きな声かけをし合ってほしい」と説明します。そして、前向きな言葉とは何か、どのようなときにどのような言葉をかけ合うか提示したり、練習したりします。子どもからきつい言葉が聞かれたときは、即座に「今の別のいい方はあるかな」「もっと思いやりを感じるいい方はないかな」「そのいい方はやめておこう」と、前向きな言葉を促します。そして、前向きな言葉が聞かれたら大いに価値づけをしてクラス全体へ波及させましょう。お互いを思いやれる風土を醸成するために、感謝し合えるようなクラスを目指します。はじめはこうした機会を意図的に設定してもよいと思います。私は「ありがとうプロジェクト」と称して、帰りの会でその日の日直に「ありがとう」を伝える活動をしたことがあります。子どもの提案で「折り紙にありがとうの内容を書いて、折り鶴にして渡す」ことになりました。そのときは、折り紙代は自腹ですし、長時間の帰りの会になっていたので、今となっては実施が困難ですが、クラスの雰囲気は驚くほど変化しました。もっと現実的に取り組む必要がありますが、「感謝を伝える」効果を身をもって感じました。

心理的安全性を高めるアプローチ

不安クラス

不安が蔓延していて
挑戦を恐れる教室

達成目標は**高い**

「失敗しても大丈夫」
と思える集団づくり

エフィカシーを高めるサポート	ルールではなく役割で動く	感謝や前向きな考えの伝え合い
前向きな声掛け	班のメンバーの役割	互いの感謝の発信
成功体験を増やす	係・当番活動の役割	励ましの推奨
自己評価の充実	全員に役割がある	注意は「先生」だけ

達成目標を下げず、子ども同士のつながりを

④無気力クラス

無気力クラスは心理的安全性が低く、達成目標も低い状態です。そのため、子どもたちはそれぞれがクラス内での自分のポジションを探るようになり、いわゆるスクールカーストができあがってしまっています。周囲の目を気にしていて、悪口や陰口、いじめや不要な反抗など、学級崩壊に近いクラスが見られることも少なくありません。友達同士はもちろん、教員と子どもとの信頼関係にも課題がある場合が多いため、子ども一人ひとりと教員との信頼関係を構築すること、そして人権侵害行為の防止が急務になります。

まず取り組むことは、**教室環境の整備**です。割れ窓理論はあまりにも有名ですが、日本の学校では「環境の荒れは教室の荒れ」と若手のときに教えられることも多いと思います。私が見てきた多くの荒れた教室は、まさに環境が荒れています。掲示物、ゴミや落とし物、整理整頓に注意することはもちろんですが、見落としがちなのは「机や椅子の整備」です。机や椅子の高さが適切ではなかったり、ギコギコと音がしたり、またはガタガタと揺れやすいまま放置されている場合も多く見られました。まずは落ち着いて学習ができる環境づくりに取りかかりましょう。

次に、明確な価値行動の基準を示します。おおよそ、学級が荒れている教室は価値基準が曖昧です。同じ行動をとっても叱られるときと叱られないときがあったり、今まで叱られていたことが叱られなくなったり、逆に叱られていなかったことを急に叱られたりと「何がよくて何が悪いのか」がわからない教室は心理的安全性が著しく下がっていきます。

私は、よく自己紹介のときにその基準を示します。自己紹介クイズをしながら、最後に大切なこととして話します。

「人権侵害にあたること」や「うそをつくこと」「責任を果たさないこと」を叱ると説明します（下図）。そして大切なことは、その軸をぶらさずに貫くことです。

一方で、価値のある行動を見つけたら即座に価値づけをします。例えば、グループ決めで、一人になって困っている子に声をかけてメンバーに入れた子がいたら、全体に共有します（この場合は名前を出さない方がよいと思います）。声をかけた子の思いやりと、声をかけられて輪に入った子の素直さ、両方に価値があります。少し労力はかかりますが、見つけた価値行動

ラスト　先生が絶対に許さないことは

①命の危険があること

②わざと人の心をきずつけること

③うそをつくこと

「自己紹介クイズ」の最後のページ

を短冊にして教室に掲示していくことも有効です。このようにして、何が価値のある行動か、何がよくない行動かを明確にしていくのです。

それと並行して、**教員と子ども一人ひとりとの信頼関係を構築**していきます。有効なのは、まず教員の自己開示です。教員がふざけてみたり、趣味や家庭の話をしてみたり、苦手なことや失敗談を話してみたりと積極的に自己開示します。休み時間などを使って、一人ひとりと対話する「1on1」も効果的です。「最近○○を頑張ってるね」「□□がいいね」と価値づけをしてから、「何か困ったことある?」「先生に伝えておくことある?」と子どもの思いを聞きます。「何かしてみたいことある?」と挑戦を促す声をかけることもできます。そして、子どもたちに対しては、温かい言葉を使うようにします。「ありがとう」「すてきだね」「うれしいよ」「頑張ったね」といった言葉を意識して使いましょう。

こうして、どのような行動に価値があるのかを明確にして、「先生は信頼してもいい大人」だと認識できように取り組みます。すると、少しずつ心理的安全性が高まっていくことが実感できるはずです。

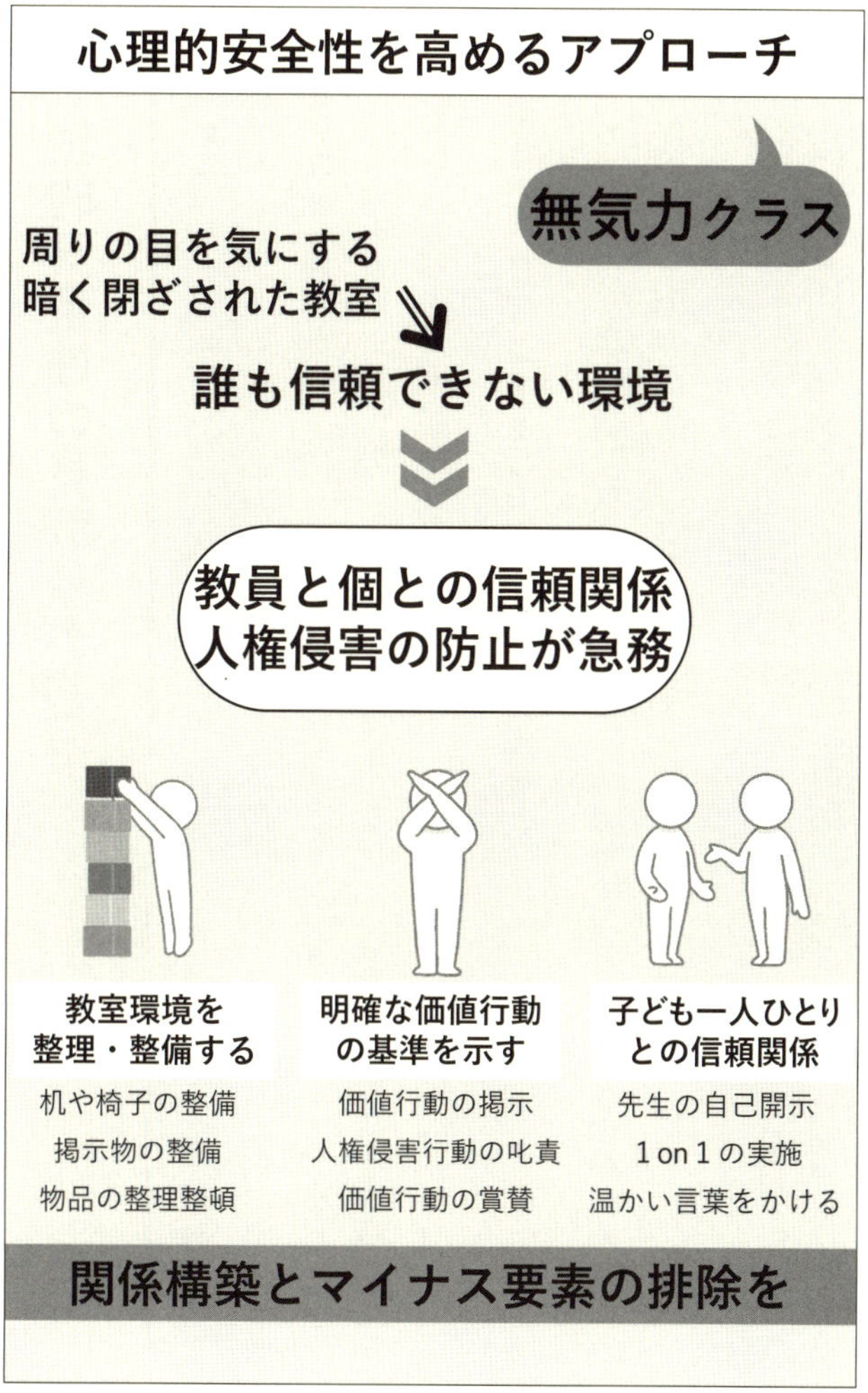

心理的安全性を高めるアプローチ
無気力クラス
周りの目を気にする
暗く閉ざされた教室
誰も信頼できない環境
教員と個との信頼関係
人権侵害の防止が急務
教室環境を
整理・整備する
机や椅子の整備
掲示物の整備
物品の整理整頓
明確な価値行動
の基準を示す
価値行動の掲示
人権侵害行動の叱責
価値行動の賞賛
子ども一人ひとり
との信頼関係
先生の自己開示
1 on 1 の実施
温かい言葉をかける
関係構築とマイナス要素の排除を

心理的安全性の見取りの基準

心理的安全性の見取りは非常にむずかしく、感覚で判断されがちです。「いい雰囲気だから心理的安全性が高いね」といわれることもしばしばです。しかし、当然のことですが、明確な見取りの基準がある方が、より正確に見取ることができます。ここでは、私が参考にしている見取りの基準を紹介します。ちなみに、私は一つではなく、いくつかの判断基準を参考にしながら見取っています。

①エイミー・C・エドモンドソンの意識調査

エドモンドソンが意識調査をする際に用いた七つの質問項目です。該当の調査では、1～7で得点化して調査をしています（RはReverseで反転項目）。

1. このチームでミスをしたら、決まってとがめられる（R）
2. このチームでは、メンバーが困難や難題を提起することができる

3. このチームの人々は、ほかと違っていることを認めない（R）
4. このチームでは、安心してリスクをとることができる
5. このチームのメンバーには支援を求めにくい（R）
6. このチームには、私の努力を踏みにじるような行動を故意にする人は誰もいない
7. このチームのメンバーと仕事するときには、私ならではのスキルと能力が高く評価され、活用されている

ここではチームや仕事という言葉で表現されていますが、「クラス」や「学習・学校生活」と、学校ならではの言葉で置き換えて考えることができます。

②教育論文から

まだ数は多くありませんが、教育論文にも心理的安全性を測ろうと尺度がつくられています。そのなかで、亀山・原田・草場（２０２１）らの『学級内の社会的地位と実験グループに対する心理的安全性が理科授業における批判的議論とストレス反応に及ぼす影響』を参考に、小山・桐島・道田・田邊（２０２３）らの『心理的安全性と生徒の問いの生成

の関係の検討』で作成された尺度を紹介します。

1．私のクラスでは私の意見や考えが尊重され、それが生かされていると感じる
2．私のクラスの人たちは、もし私が失敗しても責めることはしない
3．私がクラスの人たちと違う意見をいったときでも、クラスの人たちは受け入れてくれる
4．授業でわからないことがあれば、同じクラスの人に安心して相談できる

この質問項目は、エドモンドソンのものよりも、より教育現場に即した内容になっていると思います。

③医療従事者向け心理的安全性尺度の転用

佐々木ら（2022）はO'Donovanら（2020）が作成した医療従事者向けの心理的安全性の尺度の日本語版を作成しています。私は、それをさらに学級経営向けに転用して使用しています。この尺度も、1～7で得点化するものです。この調査票は内容が細分

化されていて、細かい見取りができるものとなっています。次ページの表1は子どもが先生に対してどのように感じているか、表2は子どもがクラスメイトに対してどのように感じているか、表3は教室全体についての尺度になっています。

表1　先生に対する子どもたちの感じ方

1. 子どもたちは、学習内容や学級活動の中で、疑問やわからないことがあった場合、先生に聞くことができる
2. 子どもたちは、学級の中の問題について自分の意見を先生に伝えることができる
3. 子どもたちは、個人的な問題や反対意見を先生に伝えることができる
4. 子どもたちは、新しい係活動や当番活動、学級での取り組みについて、先生に提案したりアイデアを伝えたりすることができる
5. 子どもたちは、この教室で失敗をしてしまったとしても、先生に安心して伝えることができる
6. 子どもたちは、クラスメイトが誤ったことをしているのを見た場合、先生に安心してそのことを伝えることができる
7. 子どもは、自分の意見を言うと、先生はその意見を尊重して聞いてくれると思っている
8. 先生は、子どもが新しい活動を始めたり、今までにない取り組みをしたりすることを奨励し、サポートしてくれると子どもたちは思っている
9. 子どもたちは、自分の教室で問題を抱えた場合、先生が私の味方になってくれると信じている

表2　クラスメイトに対する子どもたちの感じ方

10. 子どもたちは、学習内容や学級活動の中で、疑問やわからないことがあった場合、クラスメイトに聞くことができる
11. 子どもたちは、学級の中の問題について自分の意見をクラスメイトに伝えることができる
12. 子どもたちは、個人的な問題をクラスメイトに伝えることができる
13. 子どもたちは、新しい係活動や当番活動、学級での取り組みについて、クラスメイトに提案したりアイデアを伝えたりすることができる
14. 子どもたちは、この教室で失敗をしてしまったとしても、クラスメイトに安心して伝えることができる
15. 子どもたちは、クラスメイトが誤ったことをしているのを見た場合、クラスメイトに安心してそのことを伝えることができる
16. 子どもたちが自分の意見をいうと、クラスメイトはその意見を尊重して聞いてくれる

表3　教室全体について

17. 子どもたちは、この教室のクラスメイトには、助けてほしいとお願いしやすい
18. 子どもたちは、学習上の問題や教室内の活動の問題について、お互いに情報を交換しあえる
19. 子どもたちが、教室全体で情報を共有するための取り組みがされている

四つの因子を高める取り組み例　「話しやすさ」

ここでは、心理的安全性を感じられる因子の一つ「話しやすさ」を高める取り組みの例を紹介します。あくまでも一例ですので、クラスの様子や実態に応じて様々な取り組みに挑戦してみてください。

①「率直さ」の価値を伝える

まず、何よりも先に、子どもたちに「率直に話をする」ことの価値を共有することから始めます。「このクラスでは、何をいっても大丈夫です」「みんなが安心して、誰が、誰に、何をいっても大丈夫なクラスが素敵なクラスです」と、初めに価値の共有をします。そして、子どもたちから率直な発言が出たら、すぐさま価値づけをします。「よく頑張っていえたね」「みんなのためになる発言だね」「ありがとう。意見が聞けてうれしかったよ」と声をかけます。さらに、どんな発言でも馬鹿にしたり茶化したりせずに、発言を聞けた子どもたちにも「真剣な聞き方で素敵だね」「安心して聞ける聞き方だったね」と聞き方の価値づけをしていきます。

②頻繁に席替えをする

私のクラスでは、席替えを比較的頻繁に行うようにしています。基本的に二週に一回、多いときで週に一回の頻度で席替えをします。そこにはいくつかのメリットがあります。一つは、多くのクラスメイトと席が近くなる機会が得られるということです。物理的距離は心理的距離とも密接に関係しています。物理的に距離が遠く、ほとんど話したことがなくても、たまたま席が近くなったことをきっかけに打ち解けることもよくあります。もう一つは、苦手な人と近くになっても「すぐに席が替わる」と思えば、少しの間頑張ろうと思えるからです。その上で、多くのクラスメイトと席が近くなる機会が増えることは、「単純接触効果」もねらえます。「単純接触効果」とは、繰り返し接触する回数が多くなるほど、その対象に親しみやすさを感じる効果のことです。また、先述したジョン・ハッティも著書のなかで、ペア学習において頻繁にペアを変えることの効果について言及しています。[10]ただし、組み合わせに配慮が必要な子どももいるため、注意は必要になります。公平にランダムで席替えができるように、私はウェブ上にある席替えのサイトを活用しています。

③短い時間のレクを多く取り入れる

　レクは子どもと子どもの距離をぐっと近くする効果があります。学期末などに「お楽しみ会」として数時間のレクを実施する場合もあると思いますが、短い時間のレクを多く実施することも大切です。朝の会や授業が少し早く終わったとき、雨が降ったときの休み時間などですぐに実施できます。そのためには、レクのレパートリーもたくさん仕入れておくとよいでしょう。レクのレパートリーに関しては、学級レク関連の書籍もたくさん出版されています。また、インターネットで検索をすることもできます。心理的安全性が低いと、参加に消極的な子どもも多く見られます。クラスの実態や実施の目的に合わせたレクを選択することも大切です。

④「聞く」指導をする

　人が話しにくさを感じる要因に「聞いてもらえない」ということがあります。発表しても聞いてもらえない、注意しても聞いてもらえない、提案しても聞いてもらえないなど、こうしたことが積み重なると話しやすさを感じにくくなります。こうしたことを改善するためには、「聞く」指導に取り組むことが必要です。基本的なことは「話し手を見ること」「最後まで聞くこと」「反応をすること」の三点です。これは授業でも学校生活でも大切なことです。新年度の国語科の授業で指導することも効果的だと思います。

⑤「話す」指導をする

「聞く」指導の次は、「話す」指導です。「自分の思いが伝わらない」となると、やはり「話しやすさ」を感じにくくなります。そのため、相手に自分の思いを伝えられる話し方を指導します。基本的には「聞き手を見る」「結論からいう」と「相手を思いやる言葉遣い」の三点です。「聞く」の指導と同様、授業でも学校生活でも意識させることが必要です。ただ、うまく話せないからといって、その場で指導すると、「うまく話さないといけない」というプレッシャーを与えることになるので逆効果になる場合があります。

⑥魔法の言葉「確かに」「なるほど」「まあ、いっか」

率直に自分の意見をいえる環境が心理的安全性の高い環境です。しかし、率直な意見は、ときに相手を指摘したり対立したりすることにつながり、口論に発展することもあります。議論ならよいのですが、口ゲンカになると雰囲気が殺伐となります。それを防ぐために子どもたちには、指摘されたり意見が対立したりしたときには「確かに」「なるほど」「まあ、いっか」を魔法の言葉として教えます。この言葉を使うだけで、不要な口ゲンカを避けることができます。

⑦互いに話す機会を意図的につくる

頻繁に行う席替えも、短時間のレクも、子ども同士をつなぐための方法です。同じように、子どもたちが互いに話す機会を意図的に設定することも大切になります。例えば、クラス全員にインタビューをする活動を設定したり、授業のなかで「ワールドカフェ」や「ジグソー学習法」などを取り入れたりすることが考えられます。その際には、どのように関わり合うのか、こちらが求める基準を示すことも大切です。心理的安全性が低いクラスでは、このような取り組みをしても、事務的に終わらせるグループが見られたり、急にケンカが起こるグループが見られたりします。そのようなことを避けるために、「相手の話を最後まで聞きましょう」「『お願いします』で始めて、『ありがとう』で終わりましょう」「思いやりのある言葉で交流しましょう」「相手の話が終わったら、何か質問できるように意識しましょう」と行動の指標を示すことも考えられます。

⑧序列をなくす

序列は心理的安全性を著しく低下させます。誰が偉くて、誰は偉くないといった風土です。学校に当てはめれば「スクールカースト」といわれるものです。「話しやすさ」を阻害している大きな要因は、この序列にあることも多く見られます。発言するときに周囲の目を気にしたり、序列の高い誰かの顔色をうかがったりすれば、率直に発言することはむずかしくなります。教室のなかの序列は、そう簡単に変わりません。これまでの人間関係や雰囲気が根深く関係しているからです。子どもやクラスの実態、教員の力量や性格、そして教員と子どもたちとの関係性などを踏まえた上で、序列の解消に取り組まなければなりません。そのためには、クラスはみんな平等であるといい続けたり、序列が低くなってしまっている子どもに活躍の場をつくったり、レクや学習方法の工夫などを通して子ども同士をつないだりすることが必要です。決して、序列の高い子どもに教員が気をつかうようなことがあってはなりません。

⑨発表は挙手制にこだわらない

授業のなかで、子どもが発表をするときに「子どもが挙手をする→教員が指名する」という形式はよく見る光景です。しかし、この挙手制ばかりの授業では、教員は「指名する者」で、子どもは「指名される者」という構図ができあがります。子どもにとっては、教員の許可なく発言してはいけないという意識が醸成されることもあり得ます。そして、この挙手制では、挙手をしない子どもは発言しないまま授業が終わるという経験ばかりをすることになり、発言の価値を感じにくくなります。

そこで、挙手制にこだわらずに、子どもたちに発言、発表ができる機会をつくっていきます。例えば、次のようなことが考えられます。

・グループ活動の際は、役割分担に「発表」の役割をつくっておき、役割を輪番で回す
・子どものつぶやきを拾って、授業を展開する
・「指名なし発表」や「指名なし討論」を導入する[11]
・ICTを活用して全員の意見や考えを視覚化する

もちろん、挙手による発表も必要なときがあります。そのため、一つの方法にこだわらずに、様々な意見表明の機会を意図的に設定します。「自分の意見で授業が動いた！」「この意見をいってもよかったのか」と感じさせることで、今後の発言の後押しができるようになります。

四つの因子を高める取り組み例　「助け合い」

ここでは、心理的安全性を感じられる因子の一つ「助け合い」を高める取り組みの例を紹介します。あくまでも一例ですので、クラスの様子や実態に応じて様々な取り組みに挑戦してみてください。

①「わからない」「助けてほしい」といえることの価値を伝える

前項の「話しやすさ」の一つめでも、「話しやすさ」の価値を伝えることから紹介しました。この「助け合い」でも同様に、「助け合い」の価値を子どもたちと共有することから始めます。「助け合い」は、何か困ったことがあれば助けを求められる、また自分の領域を超えて助けることができる風土です。学級で当てはめれば、授業中にわからないことがあれば友達や教員に「わからないから教えて」といえること、友達関係や学校生活のことで悩んでいることがあれば「助けてほしい」といえること、そしてそうした言葉を聞いたときに分け隔てなく助けることができることでしょう。

子どもたちには「Aの教室は、わからないことをわからないといえる、悩んでいることを悩んでいるといえる、そんな困っている人がいたら誰でも助け合うことができる教室。Bの教室は、わからないことをわからないといったら馬鹿にされ、悩んでいることを相談すれば自分には関係ないといわれ、お互いに助け合わない教室です。みんなが安心して通える教室はAの教室ですか。Bの教室ですか」と問いかけます。よほどのことがない限り、全員がAの教室を選びます。困ったときはお互い様。みんなで助け合うことの大切さや価値を共有しましょう。

②教員がポンコツになる

ポンコツという表現が正しいか迷いましたが、私が意識しているのは「教員はポンコツがちょうどいい」ということです。どういうことがというと、教員は何でも知っていて、何でもできる。すべてにおいて正しい規範として存在してしまうと、教員が「できる」ということに価値があると考えていると子どもたちが認識することがあります。逆に、教員が「知らない」「わからない」「できない」と話すことで、子どもたちの教員に対するハードルはグッと下がっていきます。

例えば、休み時間に子どもたちと遊ぶとき、苦手なサッカーを子どもたちと一緒にしてもよいでしょう。「先生に勝った！」といわれるかもしれません。そこで教員は「先生はサッカーは苦手なんだよ」と正直に答えましょう。「次に遊ぶときに先生のこと助けてね」と声をかけるのもよいでしょう。授業中も、教員が漢字の書き順を間違えてしまったり、漢字そのものを間違ってしまったりしてもよいでしょう。算数の授業なら計算ミスをしてもよいでしょう。子どもたちはきっと「先生、間違っています！」と教えてくれます。そこで教員は「そんなことといわなくていい！」と叱責してはいけません。「あっ、本当だ。よく見つけたね。ありがとう」と返せばよいのです。白々しい顔をして、「え？　わざと間違えたんだよ。君たちを試したんだ……」と冗談交じりにごまかしてもよいでしょう。そして「また見つけたら助けてね」と言葉を添えておきます。「先生も苦手なことがある。できないことや間違えることもある」という認識が、自分が困ったり悩んだりしたときに、それを言葉にするためのハードルをグッと下げるのです。

③苦手なことを発信する場を設定する

先ほどは、教員が苦手なことを子どもたちに正直に伝えることについて触れました。教員が苦手なことを表明するだけでも、子どもたちは少し安心します。私は、苦手な食べ物や苦手な人の性格なども子どもたちに伝えています。私は給食で魚料理が出てくると、わかりやすくテンションが下がります。子どもたちはニヤニヤしながら「今日は魚だね」といってきます。「先生はがんばって食べるから、君たちも食べな」と返すだけですが、何が苦手かを表明する見本になろうとしています。

　そして次は、子どもたちが苦手を発信できる場をつくってあげます。例えば、下の図は年度の初めによく行われる「自己紹介カード」ですが、その項目のなかに「苦手なこと」という場所をつくっておきます。子どもたちは「ピーマンが苦手」「算数の図形が苦手」などと書くことが多いのですが、なかには「大きな音が苦手」「自分の気持ちを言葉で伝えることが苦手」など、少し本質に迫る内容を書く子もいます。教室に掲示すると、子どもたちは「いろいろな苦手があるんだね」「いろいろな立場で考えないといけないね」と、苦手なことにも多様性があることに気づいていきます。このよう

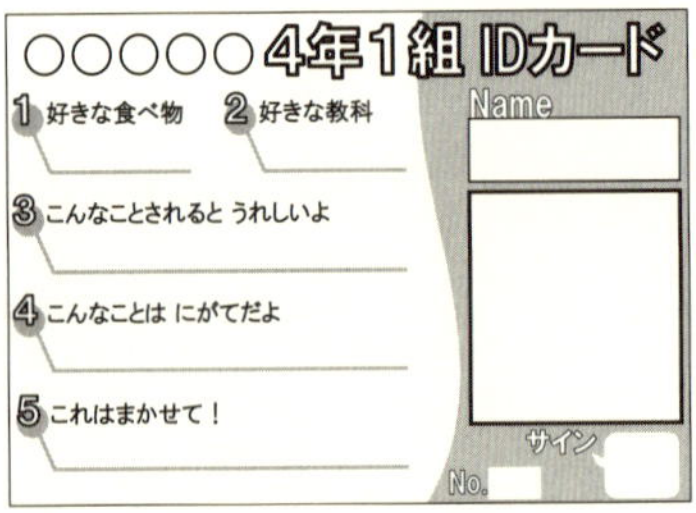

自己紹介カード

な活動は、自己紹介カードだけではなく、作文で場を設定したり、道徳の授業で取り上げたりと、様々な場面で設定できます。なかにはかなりセンシティブな内容を発信する子どもがいる場合もあるので、事前の確認や声かけが必要になりますが、「苦手なことは苦手だといっていいんだ」という感性を子どもたちが実感することは、「助け合い」を醸成する上でとても大切です。

④得意を生かす場の設定

苦手なことを発信する場の設定と並行して、得意を生かす場の設定をすることも大切です。ひと口に運動が得意といっても、球技が得意な子もいれば、陸上が得意な子、水泳が得意な子もいます。算数でも同様に、計算が得意な子、図形が得意な子、時計が得意な子と多様です。そんな子どもたちの得意を生かせる場をできるだけ多く設定することによって、自然と助け合いの姿が見られるようになります。

例えば、ある子は「きれいな字」を書くことが得意でした。そこで、習字や漢字練習のときにきれいに書けるポイントをみんなに教えてもらいました。また、そろばんが得意な子には、算数でそろばんの授業をするときに先生になってもらいましたし、最新の音楽に詳しい子には、音楽係として最新ヒットナンバーを紹介してもらい、帰りの会で曲を流したりもしました。得意教科がある子には、授業中にミニ先生になってもらったり、教え合い活動のときにリーダーになってもらったりすることもよいと思います。教員が様々な視点から子どもたちの「得意」を見つけ出し、それぞれの子どもが活躍できる場を積極的に設定するようにしましょう。

⑤マイノリティを意識させる

よく見られるクラスの様子として、発言力のある子どもだけで授業や学級会が進むことがあります。例えば、みんな遊びの内容をどうするかという話し合いで「ドッジボールがいいです」「いや、キックベースがいい」「ぼくは鬼ごっこがいい」と活発に話し合いが進んでいき、「じゃあ多数決をとりましょう」と、最後は多数決で決着をつけることも多いと思います。しかし、よく見ると発言力がある子ども数人だけで話し合いが進んでいて、本当にみんなが楽しめる内容を考えているかどうか、疑問に感じる話し合いが往々にして見られます。なかには「ドッジボールに決まったら、端っこにいて目立たないようにしよう」「走るのが苦手だから鬼ごっこに決まったら休みたいな」と考えている子どもが数人いるかもしれません。多数決でドッジボールに決まったとして、大勢が歓喜しているなか、落ち込んでいる子どもがいるかもしれません。子どもたちには、ぜひそうしたマイノリティに思いを馳せる感情を育んでほしいと思います。

「これは苦手な人でも楽しめるかな?」「本当にみんなが楽しめるみんな遊びかな?」と、教員がマイノリティを意識するための新たな視点を投げかけることもできます。「ちょっとこれは、参加がむずかしいなと感じている人はいるかな?」と、マイノリティ側に意思表示を促すこともできます。そうした投げかけや促しを続けていくと、話し合いのなかで、しぜんと子どもたちから「みんな、これで本当にいい?」と聞いたり、「きっと苦手な人もいるから、みんなが楽しめるルールを考えよう」と提案する子が出てきたり、また、「実は○○は苦手なので、苦手な人でもできる方法を考えてほしいです」と意見できる子どもが出てくることもあります。そのような場面を見たときは、すかさず価値づけをしていきます。こうして、いろいろな人を思いやれるような集団を目指しながら、苦手なことに声を挙げられるような促しを進めていき、助け合い因子を高めていきます。

四つの因子を高める取り組み例　「挑戦」

次は心理的安全性を感じられる因子「挑戦」を高める取り組みの例を紹介します。

①教員がたくさん失敗を見せる

何かに挑戦しようとするときに、二の足を踏む要因は「失敗したらどうしよう」という恐怖心です。挑戦できる機会がたくさんあっても、「失敗したら責められる」という感情がぬぐえない限り、子どもたちは挑戦しようとしません。

そんな状況を変える方法が「教員がたくさん失敗する姿を見せる」こと。そうすることで、「失敗しても大丈夫かも」という思いを子どもたちにもたせることができます。例えば、教員が考えたレクがうまくいかなくても、「ごめん。もう少しいいのを考えるから、またやろう！」と前向きな言葉で終わるのです。授業でも、教員の作ったオリジナルワークシートが、思ったよりも子どもたちの学習に生かせなかったときは、「ごめん。次はもっと使いやすいワークシートを考えるね！」と伝えればよいのです。

わざと（意図的に）失敗することもできます。例えば、俳句の学習で「うれしいな　あと九日で　夏休みだ（5・7・6）」と、あえて字余りを教員が提示するのです。しかも自信満々に。すると子どもたちから「先生。最後が六音になっているよ！」と指摘が入ります。そこで教員は「あ、本当だね。それじゃあ、【だ】を削って、【うれしいな　あと九日で　夏休み】にしよう。これでどうかな？」と修正する方法を示すこともできます。

教員が完璧で正解をもっている教室は、「完璧にやらなくてはならない」「先生が思っている正解は何だろう？」と挑戦することよりも、成功することや正解することに価値を見出すようになります。子どもたちには「どんどん挑戦して失敗しましょう」と声をかけた教員が、模範となってどんどん挑戦して失敗していくことが大切なのです。

②創造的な係活動の取り組み

ここまでに、何度か係活動について触れてきました。係活動と当番活動の違いについても説明しました。子どもたちには、もっとクラスをよくするために、係活動としてどんなことをしてみたいのか、どんな工夫ができるのかを考えさせ、わくわくするような係活動を目指してもらいます。初めのうちは、どのような係活動があるのかを具体的にイメージするのがむずかしいと思います。私は、子どもたちに「係活動一覧」を提示して、それを参考にするよう声をかけます。もちろん、一覧のなかにない係活動を設定しても構わないことも伝えます。最初の頃、この一覧表は私が思いついたものしか載せていませんでしたが、毎年子どもたちが新たに考えた係活動が追加されていき、この量にまでなりました（137ページ参照）。

係活動を始めたときは、どの係も積極的に活動を進めますが、数ヶ月経つとマンネリ化が起こったり、もはや活動をしていない係が出てきたりすることもあります。そうしたことを避けるためにも、定期的に活動内容を振り返る機会をつくることが大切です。

また、係活動で「挑戦」因子が高まると、係活動とは全然関係のないところでおもしろい活動を始める子どもたちも出てきます。例えば、自分でオリジナルのキャラクターを作成して「〇〇広め隊」を結成したり、「先生、私たちで授業を進めたい」と教壇に立って教員の代わり（真似事ですが）に授業を進めてみる子どもが出てきたり、「世界一折り鶴を折る教室にする」と仲間と折り鶴を何千羽と折るグループが出てきたりと、とても興味深い活動が見られることもあります。

係活動　参考一覧！

係名	活動内容
プロジェクト係	クラスの問題、学校の問題、社会の問題の解決策を考えて発信したり、実行したりする。
No1係	いろいろな大会を開いたりアンケートをとったりして、いろいろなNo.1を決める。
アイデア係	係活動のアイデアを考えたり、みんなが楽しめる取り組みのアイデアを考えたりする。
お話係	面白い話や不思議な話、怖い話など、みんなにお話をしたり、お話を紹介したりする。
新聞係	クラスのことや学校のこと、個人的なことなどを新聞にまとめて、発行する。
クイズ係	いろんなクイズ（知識問題やなぞなぞなど）を考えて、みんなに出題する。

係名	活動内容
誕生日係	みんなの誕生日をお知らせしたり、中心となってお祝いをしたりする。
みんな遊び係	特活などの時間を使って、みんな遊びをする。遊びの内容を考えたり審判や司会をしたりする。
お笑い係	漫才やコントなどを考えて、みんなを楽しませる。
イラスト係	いろんなイラストを描いて教室に貼ったり、新しいクラスのオリジナルキャラクターを作ったりする。
あいさつ係	授業のあいさつをしたり、みんなが元気にあいさつできるアイデアを実行したりする。
手品・マジック係	みんなの前で手品、マジックを披露してみんなを楽しませる。
朗読係	絵本や詩をみんなに読み聞かせ（朗読）をする。

係名	活動内容
拍手係	拍手をするときに、一番に拍手をする。誰よりもきれいで大きな拍手をする。
連絡帳デコ係	先生が書いた連絡にコメントを書いたりイラストを描いたりして、デコレーションをする。
国際化係	外国の文化を紹介したり、日本語で掲示されたものを外国語に翻訳したりする。
きらり係	みんなのよいところ（ほめ言葉）を紹介する。
体育係	体育の授業の準備を手伝ったり、前で体操したり、運動のコツを紹介したりする。
図書係	図書の時間の貸し借りを手伝ったり、おすすめの本を紹介したりする。
教室かざり係	季節やイベントに合わせて、教室を飾りつけする。

係名	活動内容
給食係	その日の給食の献立を紹介したり、食材やメニューの豆知識をお知らせしたりする。
生き物係	クラスで飼う生き物の世話をしたり、生き物についての情報を発信したりする。
名札係	朝に名札をつけているか確認したり、帰りに名札を外したか確認したりする。
コール係	クラスでコール（かけ声）を決めたり、その合図をしたりする。
学級通信係	学級通信を先生と協力して作る。
カメラ係	クラスの様子をカメラで撮って掲示したり、学級通信に載せたりする。
おなやみ係	みんなからもらったおなやみや相談について回答したり解決したりする。
インタビュー係	いろんな人にインタビューして、その内容を発信する。

係名	活動内容
地域活性係	自分が住んでいる地域が活性化するために何をしたらいいか考えたり、実行したりする。
日直応援係	日直の仕事をサポートしたり、日直のがんばりを応援したりたたえたりする。
うんちく係	豆知識、雑学、うんちくをみんなに発表する。
パソコン係	パソコンの出し入れを手伝う。
プログラミング係	プログラミングでゲームを作ったり、それをみんなに配布したりする。
音楽係	流行っている曲をアンケートしたり帰りの会などで音楽を流したりする。
名言係	偉人の名言を紹介する。
マンガ係	オリジナルのマンガを作ってみんなに見てもらう。

係名	活動内容
予想屋係	次の週の天気を予想（天気予報を参考に）したり、テストの出題内容を予想したりする。
お祝い係	クラスで立てた目標を達成したときに、中心となってみんなでお祝いをする。
発表係	授業の中で、率先して発表をして、みんなの発表をさそう。
教室きれい係	教室に落ちてるゴミを拾ったり、本や机、いすを整とんしたりする。
スパイ係	他のクラスのよいところや、取り組んでる面白そうなものを調査する。
先生研究係	先生について研究して、みんなに発信する。
チャレンジ係	いろんな種類のチャレンジを自分たちでしたり、クラスに提案したりする。

③〇〇活

朝に有意義な活動をするから「朝活」、ポイントを貯めて節約をする活動をするから「ポイ活」のように、何か目的があって、そのための活動をすることが「〇〇活」と表現されます。このような「〇〇活」を、学校生活でも取り入れてみてはどうでしょうか。よく学校や教室では、「生活目標」として、「あいさつをがんばりましょう」のような目標が立てられることがあります。しかし、このような目標は立てるだけ立てて、ほとんど意識、活用されることなく忘れ去られることも多々あります。これを「〇〇活」に変えるのです。例えば、先ほどの「あいさつをがんばりましょう」であれば、「あい活」とするのです。そして「あい活の日」や「あい活の週」というのを決めて、どのようなことをするのかを子どもたちと話し合ってみるのです。子どもたちは私たちよりも創造性豊かで、とても柔軟な発想をします。「クラスのみんなで廊下に立って、ほかのクラスや学年にもあいさつをしよう！」「オリジナルのあいさつを考えて、楽しくあいさつできるようにしたらどうだろう」など、様々なアイデアが出てきたら、それを実行してみるのです。子どもたちはウキウキしながら挑戦する楽しさを感じていきます。

私が勤務している小学校では、そのような「○○活」を学校全体で行っています。それぞれのクラスが、「こんな学校にしたいな」という学校像を考えて（下の写真）、そのためにどのようなことをしたらよいかを話し合い、実行しています。学校をよりよくするための活動なので学校名を略した活動名をつけて実践しています。

ある6年生のクラスは「もっとみんなが交流できるような学校にしたい」ということで「集まれ友達の森」という活動名で、休み時間を使って各学年と遊びを通して交流をしました。4年生のあるクラスは、「いいところを伸ばせる学校にしたい」ということで「いいところみつけ」という活動名で、子どもたちが児童用端末をもって学校内を歩き回り、いいところを見つけたら写真で撮って新聞にまとめていました。このように、子どもたちの「こんなことをやってみたい」を実現できるような手立てや取り組みを進めることで、子どもたちの挑戦しようという思いを高めていくことができます。

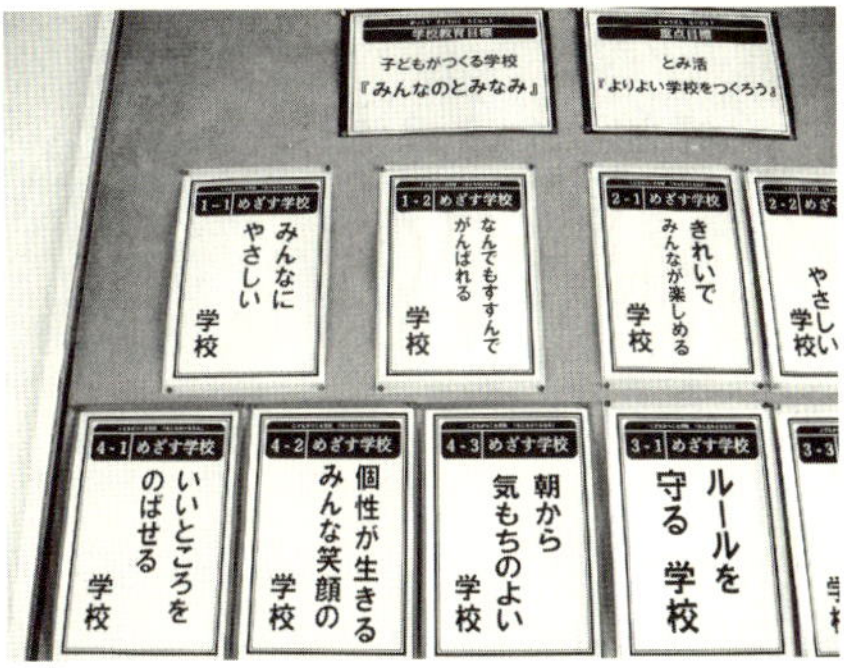

校内を回って
「学校のいいところ」を見つけて
新聞にまとめる活動

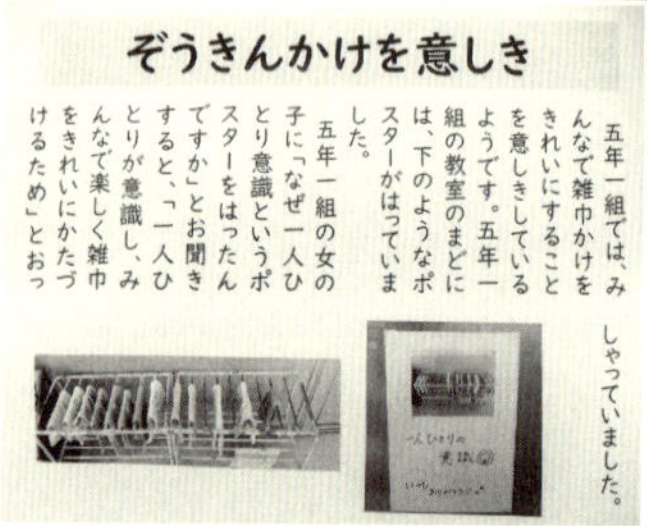

ぞうきんかけを意しき

五年一組では、みんなで雑巾かけをきれいにすることを意しきしているようです。五年一組の教室のまどには、下のようなポスターがはっていました。

五年一組の女の子に「なぜ一人ひとり意識というポスターをはったんですか」とお聞きすると、「一人ひとりが意識し、みんなで楽しく雑巾をきれいにかたづけるため」とおっしゃっていました。

クラスで話し合った内容で
1年生を笑顔にしようとする
6年生

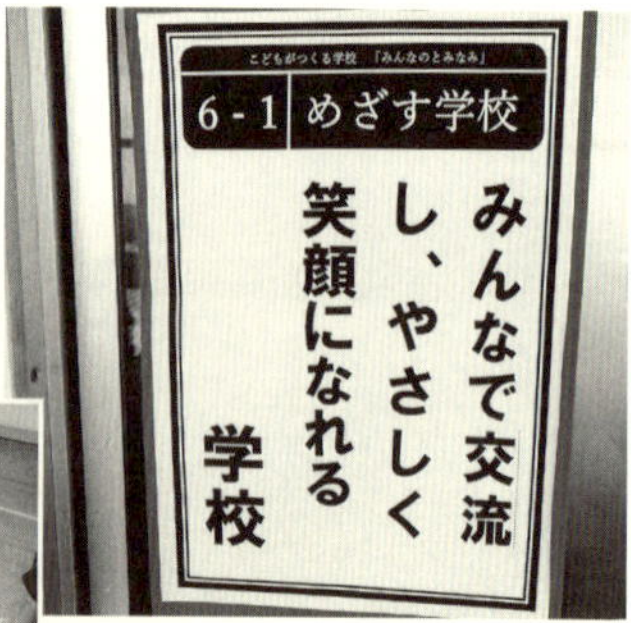
こどもがつくる学校 「みんなのとみなみ」
6-1 めざす学校
みんなで交流し、やさしく笑顔になれる学校

四つの因子を高める取り組み例　「新奇歓迎」

次は、心理的安全性を感じられる因子「新奇歓迎」を高める取り組みの例を紹介します。この因子は、自分の個性が生かされている、また目立つことがリスクではないと感じることで高まります。さらにこの因子は、これまでの「話しやすさ」「助け合い」「挑戦」の因子が高まることで、自ずと高まっていく様子が多く見られます。そこで、少しずつ高まってきた「新奇歓迎」因子を後押しするような取り組みを紹介します。

①プレゼンをする

個性を尊重する風土を高めるために、プレゼンをする活動を取り入れることがあります。プレゼンの内容は何でも構いませんが、初めは「好きな○○」や「得意な○○」など、簡単なものがよいでしょう。プレゼンの形式は専用のソフトで作成した資料のほかに、「好きな楽器」などで、実際の楽器を提示することがあってもよいと思います。

このように、みんなの前で何かを発表する活動をしているクラスは多いと思います。朝の会や終わりの会などで、一分間スピーチを取り入れているクラスもあると思います。ただ、ここではスピーチではなく「プレゼン」と、あえて表記します。スピーチとプレゼンの違いは、何か提示するものがあるかどうかだと理解してください。パワーポイントで作成した資料を提示したり、実物を見せたり、あるいは実演したりすることもできます。ただみんなの前で話すのではなく、相手に印象づけを行う要素を取り入れるのです。つまり、プレゼンの鉄則として、

・自分らしさを表現すること
・相手に印象づける工夫をすること
・聞き手を見ること

の三つを意識させるようにします。

さらにここでは、聞き手も重要です。ただ聞くだけではなく、聞き方を意識させることが大切です。なぜなら、プレゼンされた個性を受け入れているという意思表示をしないと、話し手は「自分の個性が受け入れられた」と感じないからです。自分の個性をプレゼンの

ようにして、みんなの前で発表することは、とても勇気のいることです。その勇気を含めて受け止めるようにしたいのです。そこで聞き手の鉄則として、

・話し手を真剣に見る
・反応する
・大きな拍手で終わる

の三つを意識させます。本当は話し手も聞き手も、もっと意識させたいことはありますが、多すぎると網羅することがむずかしいため、三つに絞って指導するようにします。

②一人ひとりの「よさ」を伝える

個性が尊重され、生かされるためには、一人ひとりが個性の大切さに気づいている必要があります。また、自分の個性は何か、自分のよさは何かということを自覚してもらうことも大切です。しかし、個性という言葉は抽象的で、実はわかりにくいものです。そして子どもたちは、自分のよさが何かということを明確に言語化することがむずかしい場合も

多いと思います。

そこで、子どもたち一人ひとりの個性や「よさ」を、教員が言語化して伝えていくことが重要になってきます。実際に私が伝えた言葉や教室を見学させていただいた際に聞いた言葉を掲載します。

・Aさんが今、落ちていた消しゴムを拾って近くの何人かに「違う？」って聞いていたよ。落とし物でもそのままにしない思いやりのある行動が素敵だよね。そして、近くの一人じゃなくて、声をかけられる人みんなに聞けるところがAさんらしいね。
・BさんとCさんは、係活動のアンケートでパソコンを使おうと考えているみたいだよ。初めてのことでも挑戦できるところがすごいね。そしてDさんとEさんは、それを見て「自分たちでもやってみよう」と相談していたよ。いいところを取り入れようという柔軟なところがいいよね。
・図工のときに先生、Fさんに話しかけたんだけど、何も反応せずにずっと製作に取り組んでいたんだよ。もう夢中になって先生の声が聞こえていなかったみたいなんだ。この集中力、すさまじいね。先生は感動したよ。

・さっきの体育でサッカーしていたときに、Gさんはゴール前までドリブルしたあとに、まだゴールを決めていない人を探してパスを回していたんだよ。あとでGさんに聞いたら「もちろんゲームに勝つのはうれしいけど、みんなが楽しめる方が授業していてもっとうれしいから」っていっていたんだよ。周りのことを考えて、そして周りが見えているところがとっても素敵だね。

③自主学習ノートの活用

どの学校でも、自主学習ノートに取り組んでいると思います。自主学習ノートは、自分で学ぶ内容を決めて取り組むものですが、そのため個性が出やすくなっています。その子その子の興味や「したい」が見えてきます。

子ども一人ひとりが工夫し、頑張ったノートを、ただ丸をつけて返すだけではもったいないです。朝の会で教員が紹介してもよいでしょう。コピーをして教員のコメントをつけて教室に掲示してもよいでしょう。【自主学習ノートコンテスト】としてみんなで品評会のようなことをしてもよいでしょう。終わった自主学習ノートをタワーのように積み上げる実践も見たことがありますが、個人的には「量」で測ると「大勢の中の一部」に感じられます。それよりも、「個」として評価し、「個」として価値づけをしていくことで、個性を大切にする風土が醸成されると感じています。

④ゲストティーチャーを呼ぶ

各教科のなかや総合的な学習の時間などで、ゲストティーチャーを積極的に呼ぶようにしましょう。

国語で「落語」の学習があります。教員が知識を教えて、少し映像を流して終わることも多いと思います。私はこの落語の学習で「笑ってみ亭じゅげむ」という方をゲストティーチャーで招きました。じゅげむさんは、元々小学校教員で、退職後に落語のおもしろさや、落語思考を広め、教育に落語を取り入れた「落語教育」を普及させるために全国で活躍されている方です。じゅげむさんの落語の授業は圧巻の一言でした。子どもたちはみるみるうちに落語の

ゲストティーチャーを迎えての
「落語」の授業の様子（写真／市川五月）

世界に魅了されていき、「もっと落語の授業がしたい！」という声がたくさん挙がりました。そのなかで、【子どもは「個」ども】という話をされていました。一人ひとりに個性があり、それを大切にしてほしいというじゅげむさんの思いのこもった言葉でした。授業のなかでは、実際に子どもたちが落語を体験することもできました。普段はとても大人しく、人前に出ないような子が生き生きと落語をしていた様子が今でも思い出されます。

総合的な学習の時間では、当時六年生でキャリア教育を進めていたので、元小学校教員の地域情報誌編集者の方、元救命病棟の看護師で介護士に転職された方、レストランやドッグサロンなどを経営しているバーのマスター、私の家の近所に住んでいる助産師の方など、様々な経歴や職歴の方をゲストティーチャーとして招きました。「好きなことをとことん突き詰めて仕事に生かす」という方もいれば、「好きなこと＝仕事ではない」

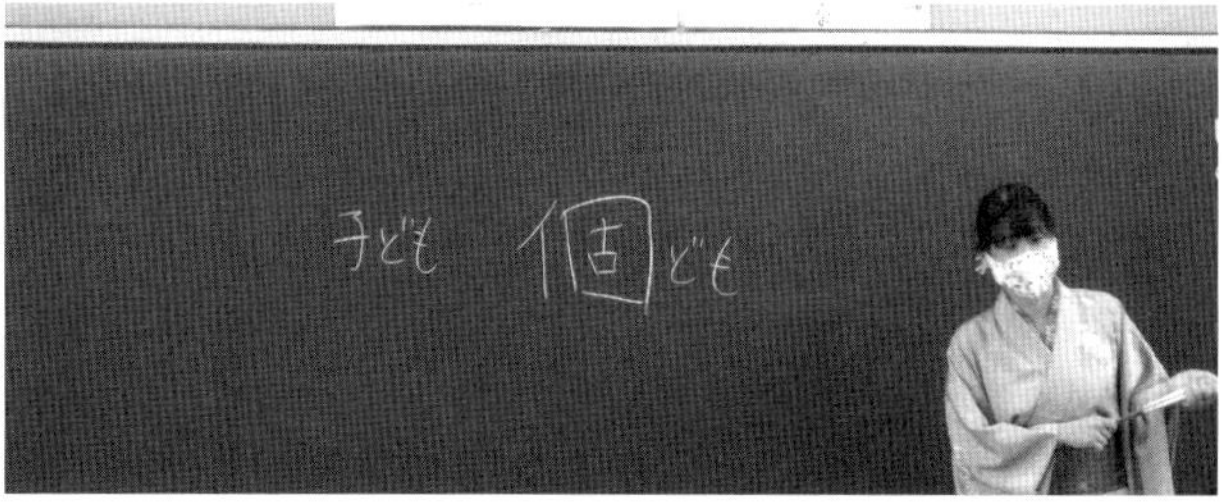

という方もいたり、「仕事は人生そのもの」という方もいれば「仕事は人生の一部」という方もいたりと、多様な人生観を聞くことができました。子どもたちの振り返りでは「僕は自分の好きなことに自信をもっていいんだと思った」「先生たちは、みんな自分の個性を大切にしていて素敵だった」など、自分の個性を大切にしようとする思いが醸成されている様子が見られました。

第 4 章

心理的安全性と授業

心理的安全性と授業

「授業でクラスを変える」

この言葉は、私が初任者のときに尊敬する大先輩に教えてもらったものです。得てして、運動会や宿泊行事、校外学習など大きなイベントを通して学級経営を、ひいては学年、学校経営をすることも多いと思います。しかし、子どもたちが学校で過ごす時間のほとんどは授業の時間です。大きなイベントばかりに注力していては、持続可能な学級、学年経営にはつながりません。学級、学年、学校経営を持続可能なものにするためには、授業の工夫・改善は必須なのです。

それは心理的安全性においても同様です。前章で心理的安全性と学級経営について述べましたが、授業に関する内容もかなりあったと思います。普段の声かけやレクレーションでのつながりづくり、係活動などでの創造性の発揮などは、心理的安全性の高い授業をする上での基盤になります。そして、普段の授業のなかでも心理的安全性を高めるための工夫がたくさん考えられます。

授業は生き物

前章でも、授業のなかで心理的安全性を高める考え方や方法を紹介しました。ここでは、実際の授業の様子を紹介しながら、少し解説と私の思いや子どもの変化を伝えることができたらと思います。

「授業は生き物」といわれることがあります。研究授業で学習指導案を作成しても、案通りに授業が進むことはまれです。それは、子どもの実態や環境などが、常に変化しながら文脈が変わっていくからです。その文脈に適した指導や声のかけ方、授業の進め方があります。ここで紹介する授業は、あくまで一例です。「この授業で絶対に心理的安全性が高まる」というものではなく、私の教室での文脈で進められた授業になります。本書を読まれている教員の方々は、ぜひ批判的（クリティカル）に読んでいただき、「自分だったらこうするな」「うちの子どもたちにはこうした方がよさそうだ」と、授業の工夫・改善の糧にしていただけたら幸いです。掲載した写真資料は、現存しているものだけなので、わかりにくいところがあるかもしれませんが、ご了承いただけたらと思います。

授業事例❶ 思考ツールを用いて子どもの思考を集約する

本書を読んでいる教員の方々のなかにも、思考ツールを活用している方は多いと思います。代表的なものではマッピング、Xチャートや Yチャート、ベン図、マトリックスなどがあります。バタフライチャートやフィッシュ・ボーン図などもありますが、子どもたちの実態や教材に合わせて柔軟に活用できるものが多くあります。

マッピング

マッピングを活用した学習を紹介します。マッピングはブレインストーミングでよく使われる思考ツールです。イメージマップ、マインドマップなどに分けられるようですが、ここではマッピングで統一します。マッピングの特徴は、「関連のあることならどんな意見でも歓迎」されるところです。どんな意見でも歓迎される、つまり心理的安全性を高める因子「話しやすさ」と大きく関わるものです。次のページの板書は、総合的な学習の時間で「仕事」についてマッピングしたものです。この授業では、クラスの全員が発表することができました。もちろん、何をいってもよいという声かけのもと、発言を促していきます。発言をした子どもが次の子どもを指名する相互指名制で進めました。

このときは、相対的な意見が出てきたので、そこも含めて議論を進めました。板書では「自分を楽にする」「報酬をもらう」という【自分のため】の立場と、「友人のため（人を助ける）」「家族を養うため」という【他者のため】の立場が見られます。こうした二項対立の議論から、最後は次のような発言が出てきました。

C1：自分のために報酬をもらうことも、家族を養うことも結局自分の幸せにつながるんじゃないかな。

C2：どちらも生きるために必要なことだと思うから、仕事は幸せに生きるために大切なんだと思う。

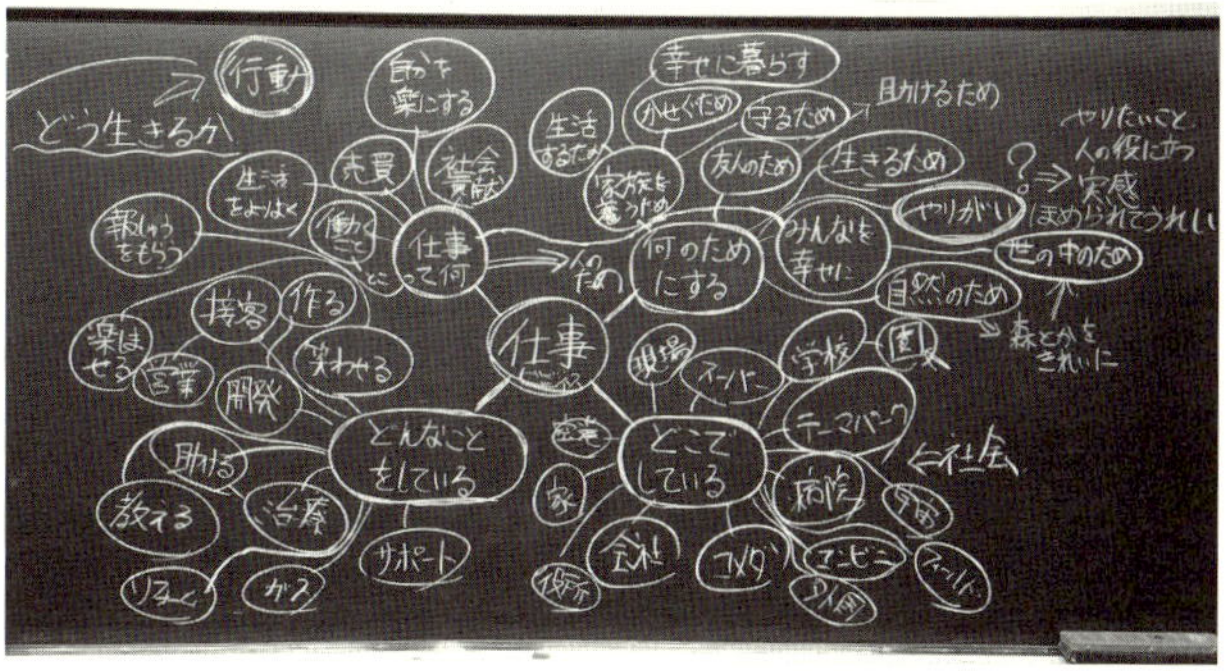

C3：どちらも違うかもしれない。仕事が好きだからとか、仕事をしたいからとか。

C2：それって「やりがい」っていうんだって。聞いたことある。

C3：やりがい？　やりがいって何？

C4：この仕事をやっていてよかったとか、人の役に立てて喜びを感じること。

C5：（国語辞典を調べて）先生、「やりがい」を見つけました。辞典には……。

マッピングを通して、どんな意見をいっても大丈夫という風土が醸成されていき、子ども同士で様々な意見が飛び交う議論ができるようになっていきました。対話を促すために二項対立という意地悪な設定にしましたが、どちらが正しいというものではなく、多様な立場があることに気づくことができました。

思考ツールを授業で活用するメリットとしては、子どもが自ら思考ツールを使い始めるところにあります。心理的安全性の高い教室では、「やってみたい」と思ったことに躊躇なく取り組めるようになります。下の図は、光村図書出版の国語の教科書に掲載されている『固有種が教えてくれること』の学習で、子どもが自ら児童用端末を使って作成したマッピングです。授業中に児童用端末でパチパチとタイピングする音が聞こえてきたので「誰か端末で遊んでいるな」と疑いながら机間巡視をしていると、まさかのマッピングを行っていたのです。何をマッピングしているか尋ねてみると、

「内容がわかりにくかったので、マッピングでまとめてみました」

といっていました。心理的安全性が高い教

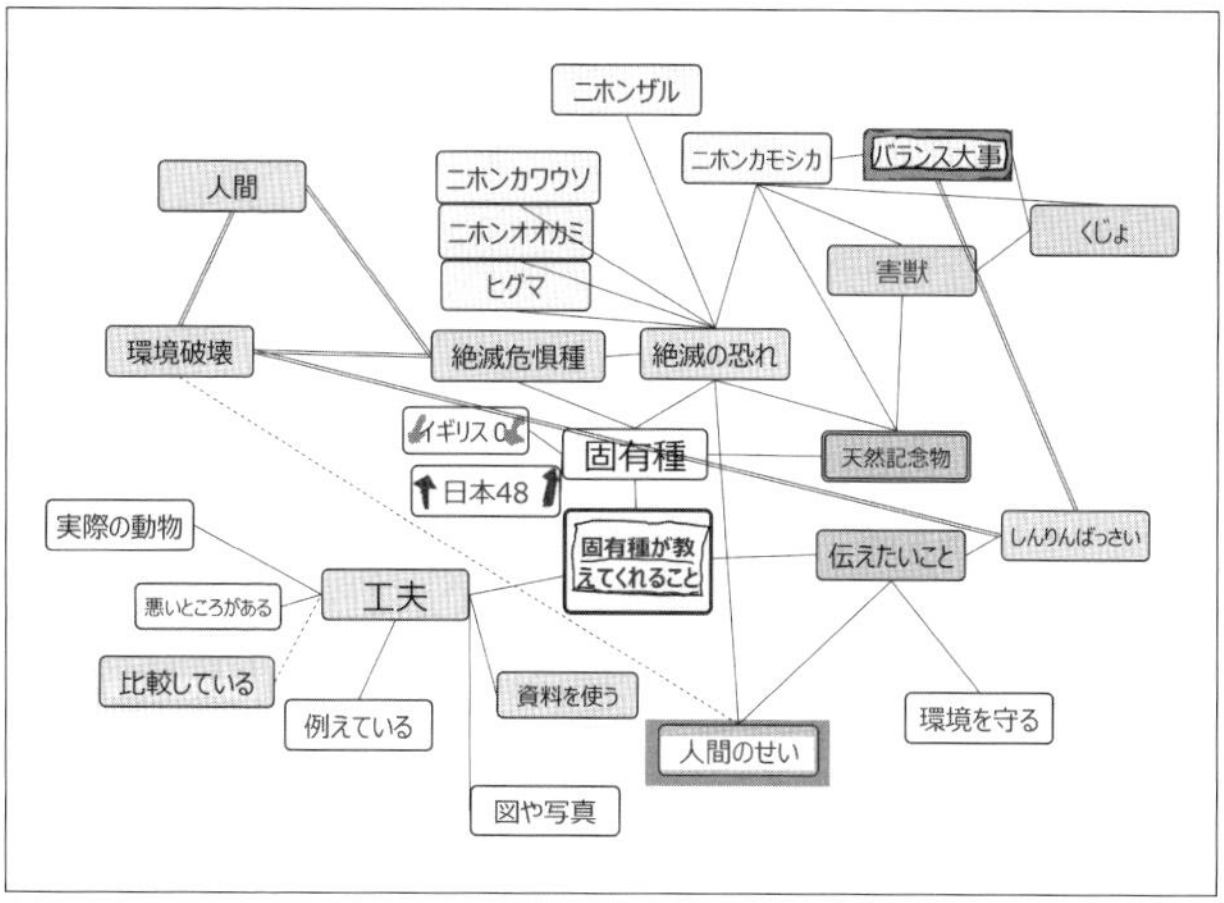

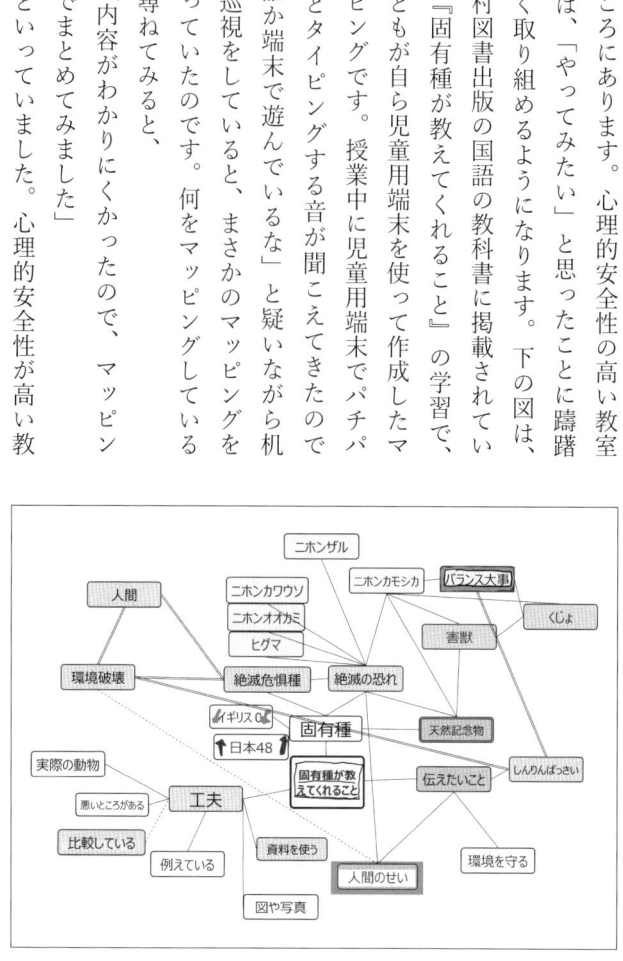

室で、思考ツールを使えるようになった子どもたちは、このように自分で学び方を選択しながら学習を進めることができるようになるのです。

Xチャート　Yチャート

多様な意見を分類し、整理するために使われる思考ツールが、XチャートやYチャートです。話し合いをしたり、アイデアを思いついたりして出てきた意見を分類することもできますし、初めにカテゴリー分けしておいて、それぞれの視点で意見を考えさせることもできます。

XチャートやYチャートは、三～四つに区分されているため、役割分担をすることもできます。下の写真は、六年生の歴史で室町時代を学習したときのものです。室町時代に大成した「能・狂言」と「茶の湯」と

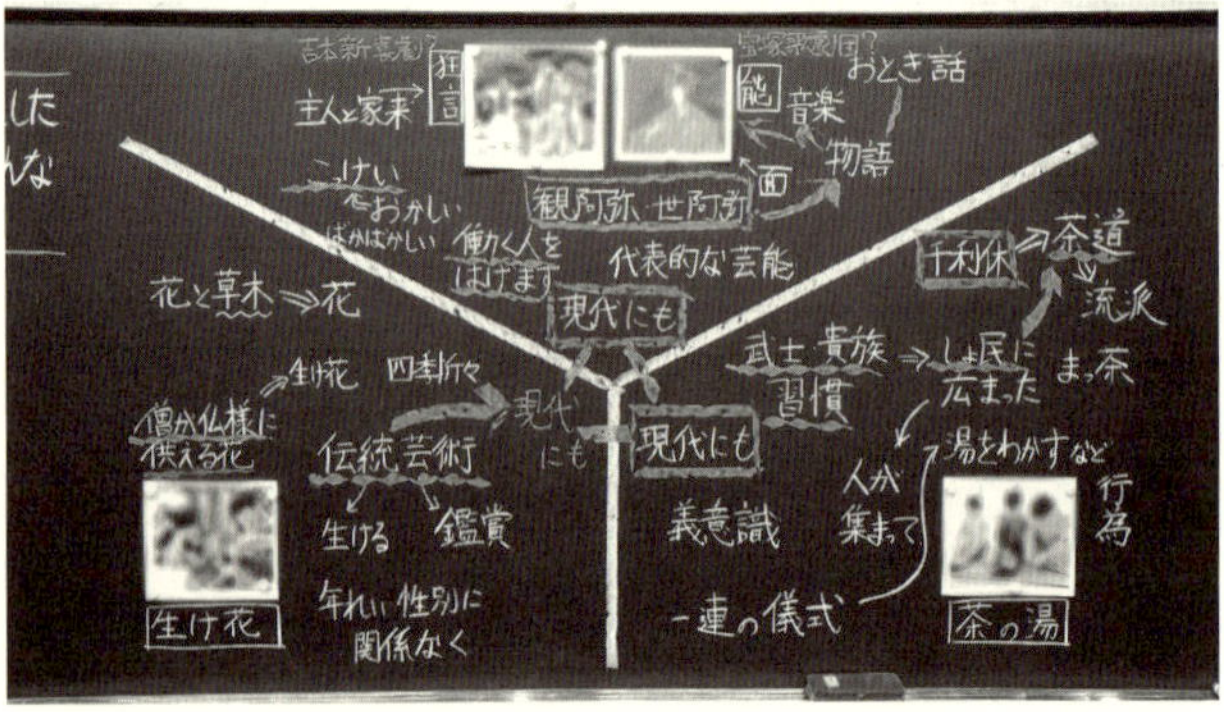

「生け花」を学習する内容ですが、Ｙチャートで三つに区分して、調べたいものを決めてそれぞれが調べるようにしました（担当の人数は均等になるようにします）。それぞれが調べたら、違う担当と集まって調べた内容を交流します。自分が調べた内容は一つだけなので、必然的にほかの人の話を真剣に聞くことになります。また、自分が調べた内容を、ほかの担当の人は知らないので責任をもって伝えることが必要になります。集まるメンバーは、普段話したことのない人と組んだり、男女が入り混じったりするので、いろいろな人と話をする機会を意図的につくることもできます。最後は黒板を使って全体で情報を共有して学習を終えます。

【行動のわかりやすさ】は、学習を進める上で大変重要になります。「何をしたらよいかわからない」という状況では、子どもたち同士の対話は広がりにくく、深まりにくくなります。求められている行動や学習内容がよくわかる場合、子どもたちは活動的になり、対話も広がり深まることが多くあります。そのためには、ほかの思考ツールと組み合わせてオリジナルのツールをつくることもあります。例えば、１５８ページの写真は、同心円チャートとＹチャートを組み合わせた板書です。学習内容は四年生の国語『白いぼうし』（光村図書出版）で登場人物の思いや考えを整理する場面です。真ん中に「発言・行動」と書いていて、まずは人物の発言や行動に着目するようにし、そこから考えられる登場人物の思いや考えを読み取っていきます。物語に出てくる重要な登場人物は三人だったので、Yチャートのそれぞれに登場人物を当てはめています。慣れもあるとは思いますが、こうして何をすればよいかをわかりやすくすることで、子どもたちはシームレスに学習に向かうことができ、他者との関わりの壁を乗り越えやすくなります。

マトリックス

マトリックスとは、二つの軸で構成された図、または表のことです。わかりやすく表すと、数学で学習する二次関数のグラフのような二つの軸で構成されたものや、エクセルでつくられた表のようなものです。次のページに、マトリックスのイメージを載せていま

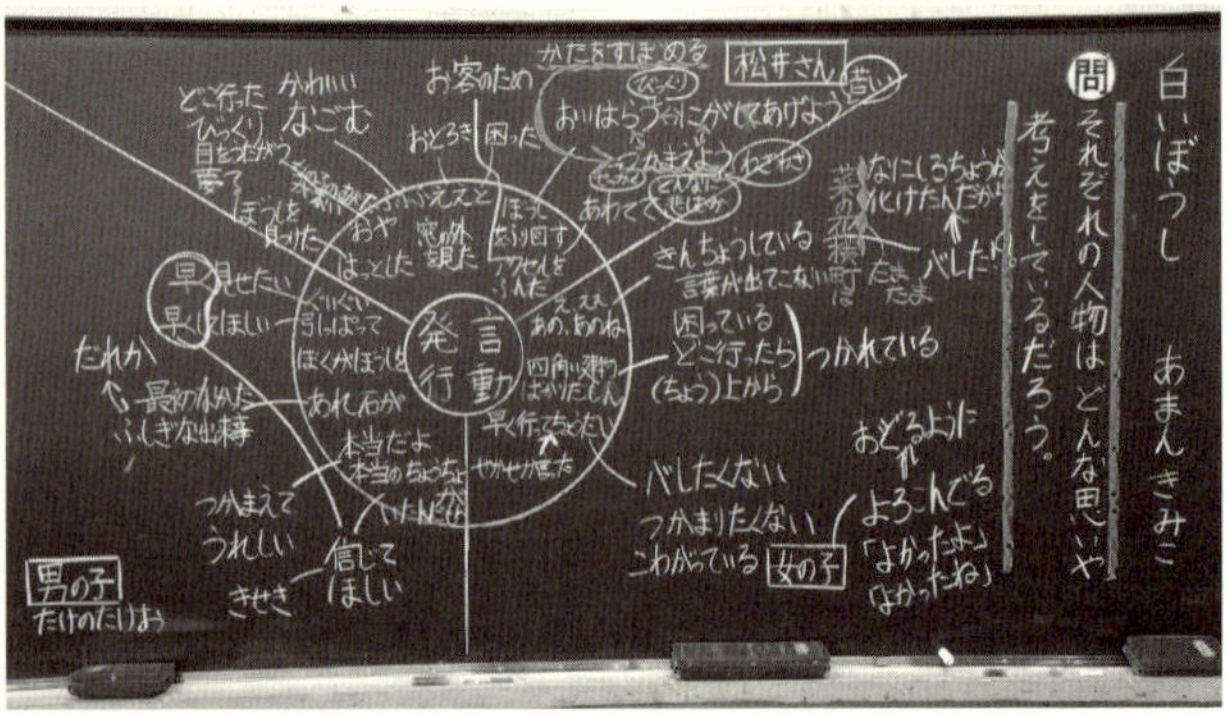

す。マトリックスも、多様に変化させることができるので、教材や子どもの実態に合わせて活用してみてください。

二軸のマトリックス図

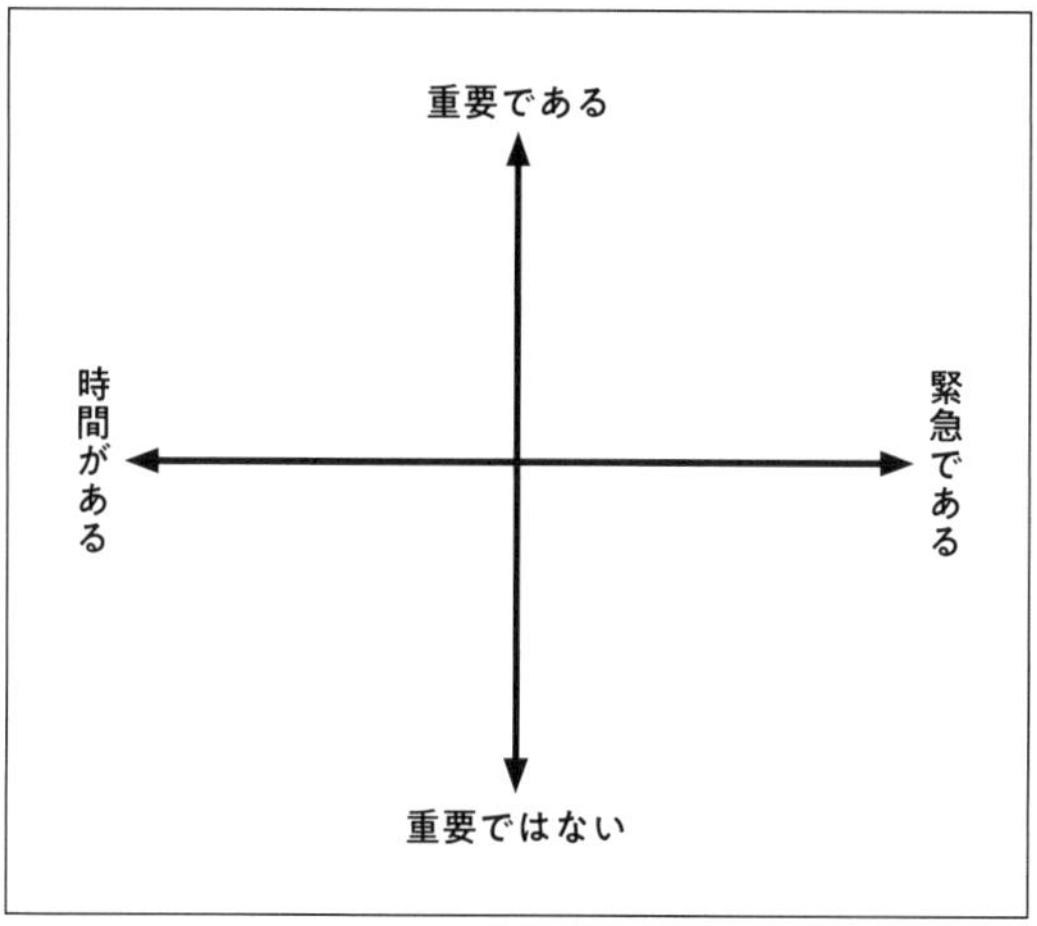

項目ごとに分割したマトリックス表

遊びの種類			
	一人でできる	数人でできる	大勢でできる
自分で道具を準備できる			
自分では道具を準備できない			
道具がいらない			

私が行った授業実践は、特活の時間に「みんな遊びの内容を考えよう」というものがあります。よくある展開としては、みんなで考えられる遊びを出し合って、それを板書しながらどれがよいかを考えていき、最後は多数決で決めるものです。私もこのようにして決めることもありますが、多数決を多用しすぎると心理的安全性は著しく下がっていきます。なぜなら、多数決では少数派は切り捨てられることになりますし、多数派が本当に多数派とは限らないからです。例えば、みんな遊びの内容を考える場面で、ドッジボールが十五人、鬼ごっこが十人、ジャンケン列車が八人だったとします。多数決ではドッジボールに決まってしまいますが、鬼ごっことジャンケン列車の十八人の意見は反映されず、切り捨てられることになります。さらにいえば、ドッジボールをしたい子は十五人なのに対して、ドッジボールに反対している可能性のある子は十八人です。

こうしたことにならないようにするためには、「議論（対話）させる」必要があります。そのための思考ツールです。この実践では、二軸のマトリックス図を使用しました。まずは個人で考えられるだけ遊びを考えて、端末上の付箋に記入します。それを班で交流する際にマトリックスを使用しながら付箋を配置していきます。左のページにある図は、ある班のマトリックス図です。班で交流している様子を見ていると、ドッジボールという意見を出した子は、「ドッジボールはみんなが知っていて、簡単な遊びだ」と思い、一番右上に配置させました。それを見ていた別の子が「確かにみんなが知っているけど、めちゃめちゃ苦手な人もいるよね。ボールが怖いとか」と意見しました。別の子が「なるほど、ボールにもよるかもしれないね。例えば、ボールの硬さね」と意見しました。そこでこの班では、みんなが知っているけど、簡単な要素とむずかしい要素があるからと横軸の真ん中付近に配置しました。

このような二本の軸で構成されるマトリックス図は、「もう少し右寄り」や「かなり下の方」など、配置の議論もしやすく、批判的に意見を交流しやすくなります。これも、心理的安全性を高める四つの因子「話しやすさ」につながり、

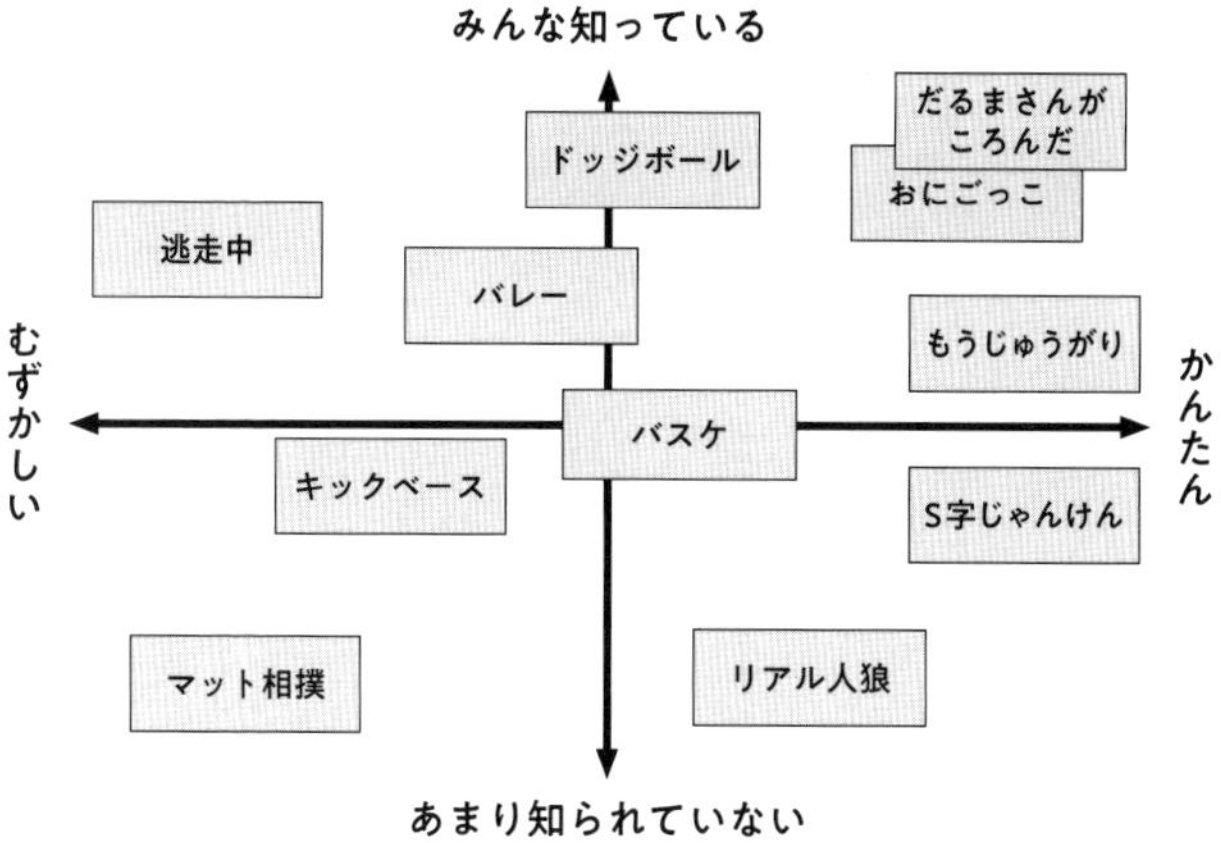

反対意見や批判的な意見をいう機会を意図的につくり、「何をいっても大丈夫」という風土づくりにつながります。

同じようなマトリックスでは、表を用いることもできます。下の写真は、学校をよりよくするために自分たちに何ができるかを考えている授業の板書です。横には、実現が無理なくできるか無理そうか、縦には、すぐ取り組めるか手間がかかるかという項目を設定し、それがクロスになるようにしています。これは二本軸とは違い、部屋ごとに分けられていて、微妙なニュアンスは反映されません。ただ、わかりやすさは高くなるため、何かを決定する際は二本軸よりも使い勝手がよくなります。

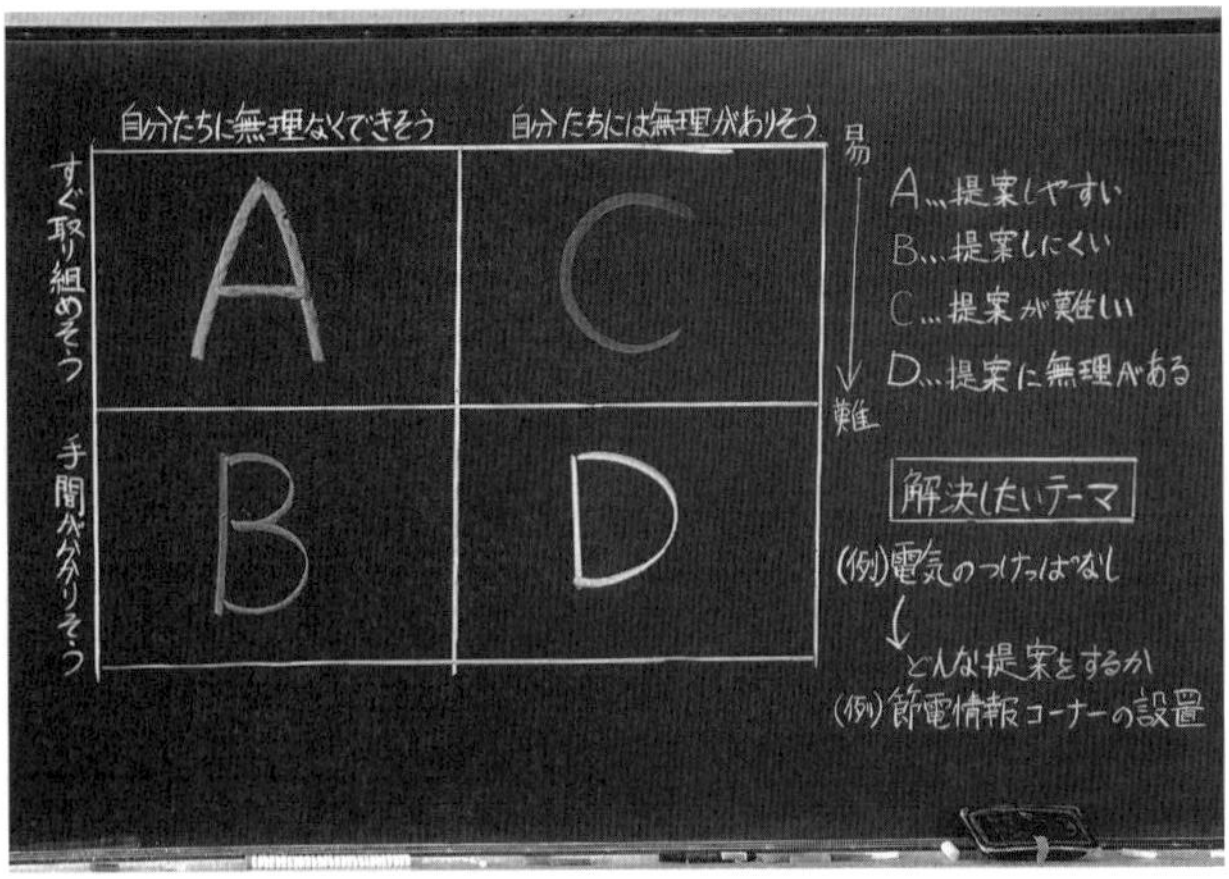

授業事例❷ 自由進度学習

自由進度学習とは、子ども一人ひとりが自分で課題を設定し、計画を立ててそれぞれの方法や進度で学習を進める学習形式のことです。中教審が出している「令和の日本型学校教育の構築を目指して」のなかで、「個別最適な学び」が示され、それを実現する手段として注目を集めています。本書の読者の方も、きっとどこかで聞いたことがあったり、ほかの書籍等で学んだり、実践したりしている方もいると思います。そこで、自由進度学習の概念や研究的手法、その学力的な効果等はほかの書籍に譲るとして、本書では自由進度学習による心理的安全性の高まりや、子どもたちの実際の様子を紹介します。

学び方を知る

自由進度学習を進める上で外せないことは「学び方を知る」ということです。そこで示す視点としては「誰と」「どこで」「どのように」学ぶかを考えさせます。

「誰と」→一人で・仲のよい人と・得意な人と・苦手な人と・大人数で　など

「どこで」→自分の机で・友達の机に集まって・床で・廊下で・黒板の前で　など

「どのように」→黙々と・話し合いながら・立ちながら・端末で　など

このように、学び方をみんなで共有しながら「どんな学び方も尊重される」ということを伝えます。例えば、Aさんと学習したかったBさんでしたが、Aさんに断られて「いいじゃん、一緒にやろうよ。二人の方が絶対いいって！」と自分のやり方を押しつけてはいけません。Aさんには Aさんの学び方があるのです。それを尊重します。このように指導をして自由進度学習を進めると、それぞれが自分の学び方に向き合い始めます。そして、他者の学び方も尊重するようになります。

六年生の算数の学習で、自由進度学習を進めていました。単元の初めの方は、三人で学習に取り組む女子がいました。教員用の机が広いからやりやすいといって、私

教師用の机を占領して学習する子どもたち

の机が占領されました。そこから数日経つと、ある一人の女子が、その三人から抜けていて、一人で壁に向かって学習に取り組んでいる様子が見られました。その子に話を聞くと「三人で勉強したら確かに楽しかった。でも、遊びやテレビの話とかになるときがあって、自分が立てた計画よりも全然進まないことが多くなったから、一人で勉強するようにしました」といっていました。ほかの二人も、その意見を尊重してくれたようでした。

四年生で自由進度学習をしたときは、廊下の床に座りながら学習している男子が数人いました。なぜ廊下で座って学習しているのかを聞いたところ、「もともと椅子に座るのが苦手。だから床に座りたい。でも床に座ると机が高すぎて届かないし、床にノートを置くと書きにくいから、椅子を机代わりにしている」といっていました。椅子に座るという、教室では当たり前の光景ですが、子どもたちのなかには、それすら苦痛に感じている子どももいるのです。

学習に取り組む子たちの横で工作を始めている子どもがいました。よく見るとスゴロクを作っていました。一体何をしているのか聞いてみると「もう教科書の学習は全部終わったし、確かめのミニテストも完璧だった。だから、算数スゴロクを作っています。今度お楽しみ会のときに、みんなに遊んでもらおうと思って」と、学習した内容を生かしたスゴロクを作っていたのです。一斉授業のなかなら、きっとこの子はわかっている学習内容を四十五分間聞き続けていただろうし、できて当然の問題をひたすら解かされていたことでしょう。スゴロクを作って、みんなに楽しんでもらおうという発想が素敵です。ここでも、近くの子どもと「もっとこうしたらどうかな」と対話をしながら取り組んでいました。

自由進度学習は、個別最適な学びを実現する手法として注目を集めていますが、その実現は、子どもたち一人ひとりの「個性」を尊重するという意味でも、とても大切になります。また、子どもたち一人ひとりの個性を大切にするということは、心理的安全性を高める因子「新奇歓迎」にもつながります。それぞれの得意が

算数スゴロクを作る様子

生かされ、苦手も受け入れられるようになるからです。そのためには、一つの教科だけではなく、複数の教科で、何度も取り組むことが大切です。

先ほどは、算数スゴロクを作っている子どもを紹介しましたが、実際にお楽しみ会で算数スゴロクを実施したところ、あまりうまくいきませんでした。「これは落ち込むかもしれないな」と思っていたところ、算数スゴロクを作った子どもはとても満足そうな顔をしていて、「次はもっとわかりやすい問題にした方がいいかも」と振り返りをしていました。これは心理的安全性を高める因子「挑戦」につながるものです。うまくいかなくて当たり前。とにかくやってみるという気持ちが醸成されています。自由進度学習は、学び方が子どもに委ねられる部分が大きくなります。その分、失敗することも多々あります。もっとこうすればよかった、これはあまり効果がなかったと、子どもたちが自分で気づいていきます。次はこうしてみよう、もっとこういうこともしてみたいと、自己調整しながら挑戦していきます。見ているこちらは、もどかしい気持ちになることもあります。しかし、「今じゃない」ととらえて見守ることも必要になります。放置ではありません。あくまでも見守りながら、伴走するイメージです。

授業事例❸ 黒板を子どもに開放する

授業のなかで、心理的安全性が確保されると子どもたちが自ずと主体的に学習に向かうようになります。心理的安全性が高い授業は、学びの主体は教材や教員ではなく、「子ども」なのです。逆にいうと、学びの主体を子どもたちにすることで心理的安全性を高めることもできます。そのためには、これまでの教師観、子ども観を変えるとともに、授業の当たり前を見直すことも大切です。

黒板についても同様です。これまでの授業では、板書は教員がするものでした。「板書は構造的にするもの」と初任の頃は耳にタコができるほどいわれました。研究授業でも「もっと板書はこう書いた方がよい」と板書の技術論が展開されることもありました。確かに構造的な板書は、子どもの学習を支援する方法の一つです。私もSNSで板書について投稿していますが、構造的に、見栄えのよいものほど「いいね」がたくさんつきます。しかし、構造的な板書や誰にとっても見やすい板書が、本当に子どもの学びにつながっているとは断言できません。ましてや、学習の主体が子どもではなく、教員にあり、予定調和に学習が進んでいるとしたら本末転倒です。あくまで学びの主体は子どもなのです。

そこで、黒板を子どもに開放してみましょう。きっと子どもたちは自分の意見を発言したい、「書きたい」と思っています。実際に黒板を開放した例を紹介します。

下の写真は、国語の教科書（光村図書出版）の『たずねびと』を学習したときの板書です。主人公の心情の変化を、心情曲線で表すという活動です。個人で考えた心情の変化を班のメンバーで話し合い、それぞれの班で心情曲線を考えます。そして、班長が代表で黒板に心情曲線を書きます。同じ場面でも、班によって心情の変化がまったく違う、逆に同じように変化をしているなど、書いている最中にも「そうなるのかー！」「なんでそうなるの⁉」と子どもたちは前のめりです。「ちょっと待って。僕は、ここはこうだと思うんだけど！」と指名されていないのに、黒板に書きにくる子どももいました。まさに自分事として『たずねびと』の主人公の心情を考えていることがわかります。

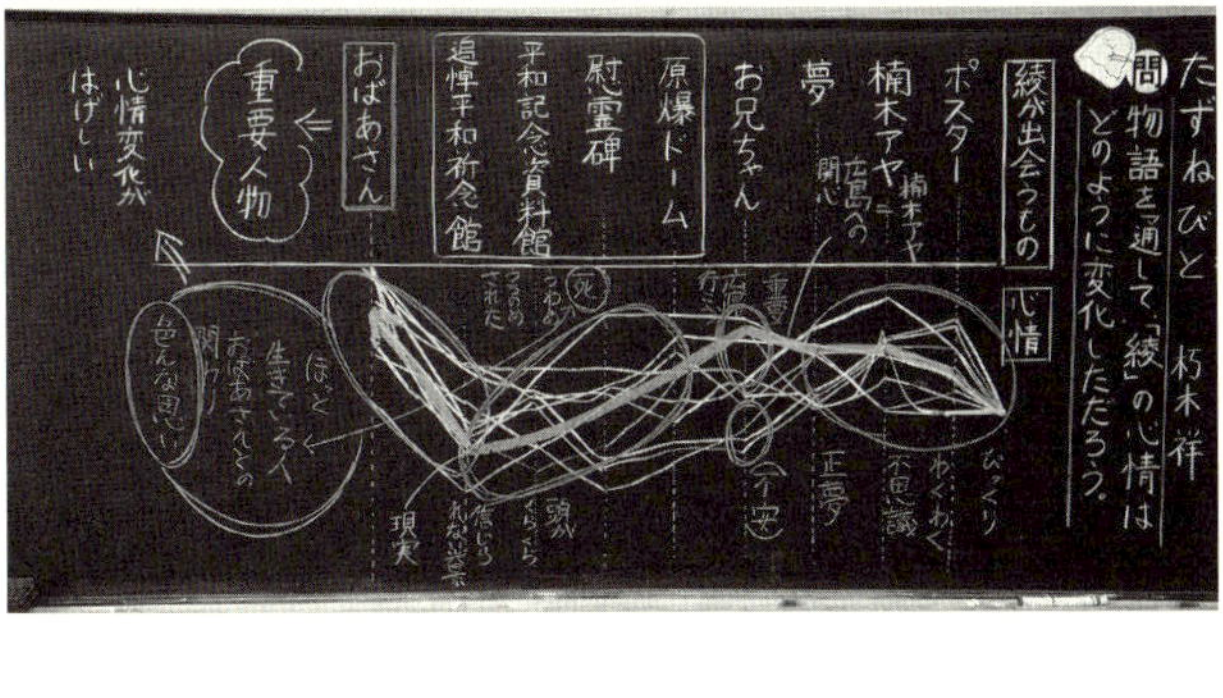

下の写真は、理科の「流れる水のはたらき」の学習で予想を交流したときの板書です。まず注目してほしいところは、板書の左側です。曲がっている川があったとき、流れる水の働きで削れるのは内側か外側かの予想を話し合っていますが、このときは内側が削れるという予想が多数派でした。それを外側が削れると考える子どもたちが、その理由を黒板に書いています。内側が削れるという主張の子どもたちも、それを受けて同じように黒板を使って説明を始めました。私がよく板書で矢印を使うためか、子どもたちも矢印を使いながら意見を交わしていました。

右側の図と吹き出しは、どんな実験をしたら問題が解決できるかの検証方法を考えているところです。説明するときには図と吹き出しを黒板に描きにきます。まさに教員ではなく、子どもの学びのために黒板が活用されている瞬間でした。

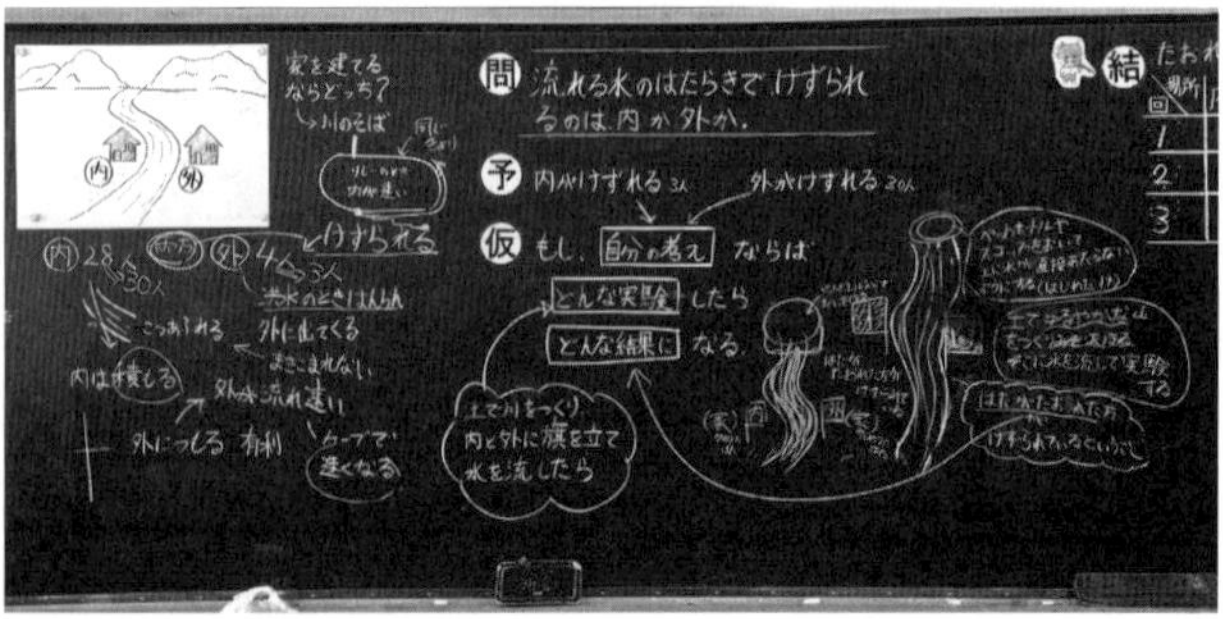

下の写真は、五年生の算数で小数を整数で割る計算の仕方について考えているときの板書です。黒板のほとんどが、子どもたちが自分で考え、書いた内容で埋まっています。このようなケースでは、ただ黒板に書かせて淡々と発表させるのではなく、書いた本人とは違う子に発表させることもできます。そうすることで、「○○さんはこういうことがいいたい」「□□さんの考えと△△さんの考え方は似ていて……」と子ども同士がつながっていきます。

教員が黒板の前に陣取って書くという、これまでの当たり前を少し見直して、子どもに黒板を開放することで、学習者主体の授業に近づくことができます。もちろん、いきなり開放すると、子どもたちが戸惑うこともあるかもしれません。少しずつ練習していき、「こうやって自分を表現してもいいんだ」と実感することで、子どもたちはどんどん前に出てくることができるようになります。

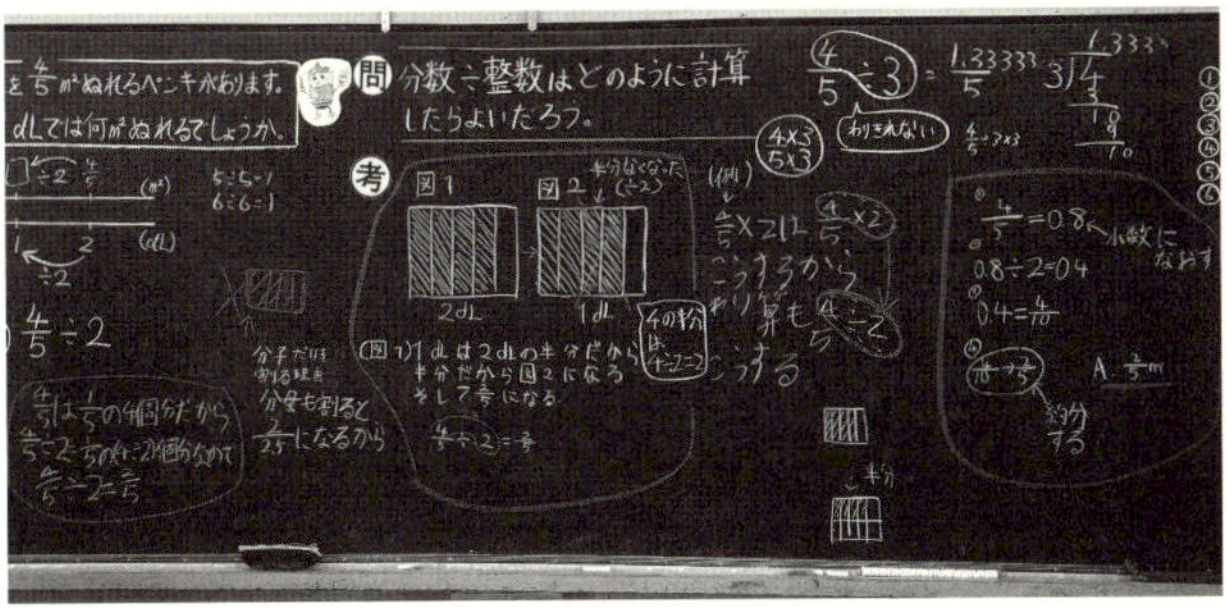

授業事例④ みんなで作り上げる授業

次の実践は、私の勤務校で行われた研究授業で見たものです。教科は図画工作で、テーマは、【子どもが探究的に学びを進める図画工作科】なのですが、場の設定がとても魅力的でした。

学校内には音楽室や理科室、少人数教室など特別教室と呼ばれるところがあると思います。そういった場所を紹介するような看板を作ろうという学習内容です。学習のタイトルは「おもしろかんばん屋さん」です。学習の大まかな展開は、初めに学校内にはどのような特別教室があるかを交流し、どのような看板にすればわかりやすく、楽しく、おもしろく案内ができるかを考えます。次に材料集めをします。そして製作を進めていき、最後に鑑賞会をします。

「おもしろかんばん屋さん」というタイトルの設定も大変魅力的ですが、材料集めでは、自分が必要な物だけを家から持ってくるのではなく、材料になりそうな物なら何でも持ってくるようにして、

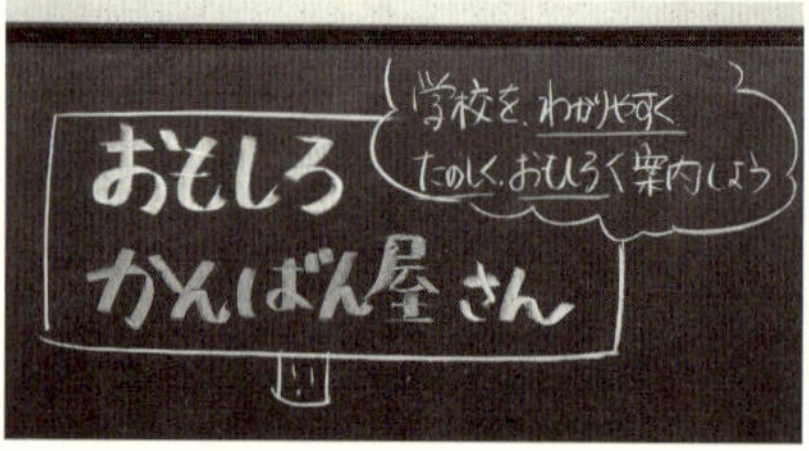

それを学年のみんなで溜めていき、シェアできるようにしていました。その学年の教室前の廊下には長机と箱が用意されていて、子どもたちは自分たちが持ってきた材料になりそうなものをどんどん溜めていきます。私たち教職員も、ペットボトルのキャップ集めに協力しました。製作に使えそうなものを、まるで銀行にお金を貯めていくように集めていくため、「材料ＢＡＮＫ」や「素材バンク」と名前をつけて活動をしていました。このように「材料を入れる箱」ではなく、魅力を高める名前をつけることを「ネーミング」といいます。ネーミングは、子どもが主体的に活動に参加するためには大変効果的な手法です。

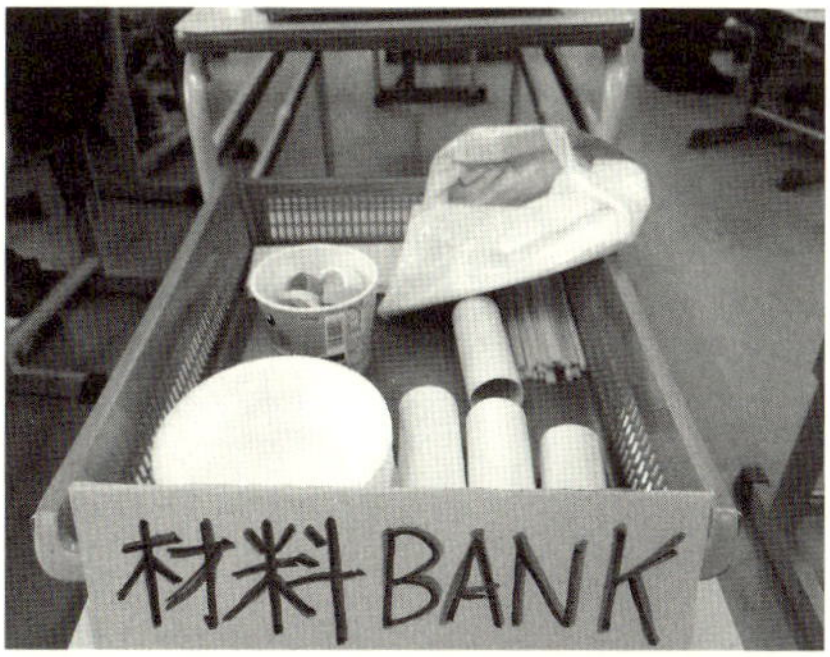

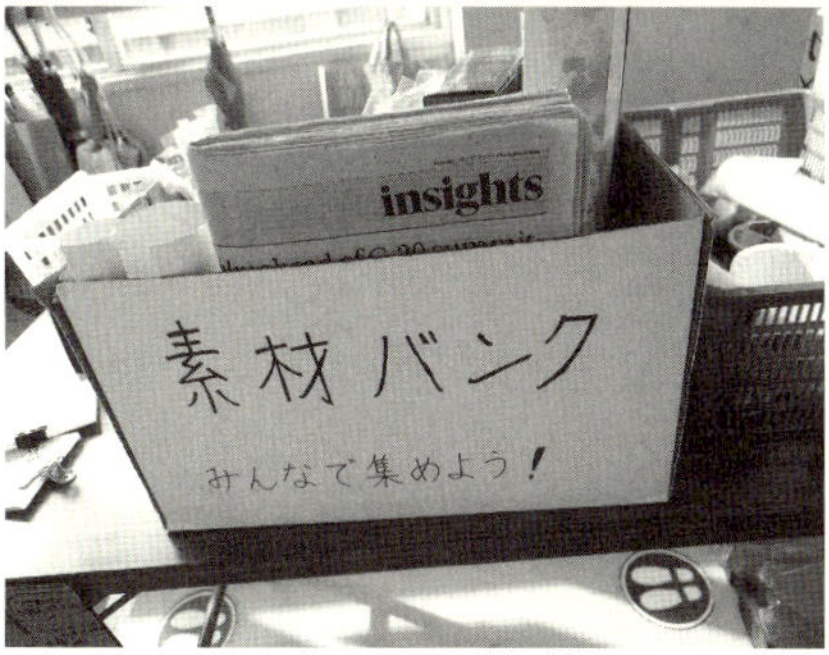

少し話が逸れますが、私もネーミングを多用します。例えば、インターネットや本などで調べ学習をして内容をまとめる活動では「〇〇調べ隊」、理科の学習で電気の性質について学習する際は「〇年〇組電力会社」、算数の学習で自由進度学習を進めるときは「わくわーく算数」、歴史の学習で自由進度学習をする際は「タイムスリップ！〇〇時代探検隊」、学習のスタイルにこだわらない（各々が自由に学習する）学習形態の際は「フリースタイル」など、そのときどきでネーミングを考えています。藤本義博らの研究でも、こうしたネーミングが学習者の主体的な学びを促すことが示唆されています[12]。

話を戻します。この図工のなかで「材料ＢＡＮＫ」というネーミングが、子どもたちの主体性を促している様子が見られました。そして何よりも、「自分だけ」ではなく「みんなで材料ＢＡＮＫを溜めた」こと、そしてそれをみんなが使ってくれたことなどが、子どもたちのつながりや一体感などを醸成しているように感じました。

さらにこの実践は、製作の途中で「お悩み相談会」という時間をとっていました。クラスのみんなと交流しながら、アドバイスをし合うのです。自分たちが持ってきた材料を使って製作活動をしていたからか、全員が真剣に話し合っていました。全体の交流の場面での対話の様子を紹介します。

C1「僕は掃除用具倉庫の看板を作ろうと思っていて、ホウキをストローで作ってみました。でも、掃除をしてるっていう感じが出なくて困っています」

C2「それならゴミをつけたしてみたら？　ホウキだけだから掃除のリアル感があんまり感じられないのかも」

C1「ゴミをたくさんつけると、なんか汚い感じがして……。倉庫だし、ゴミはつけなくてもいいかなと思ったんだけど」

C3「ごめん、なんか頑張って作ってるからいいにくいけど、そもそもホウキに使ってるストローを変えてみたら？　ジャバラのある曲がるストローを使ってるけど、学校に曲がるホウキはないし、なんかホウキ感を壊してる」

C1「あー、もっとまっすぐなストロー？」

C4「本当だ。曲がらない方がいいかも。でも、このホウキの先の毛の部分はよくできているよね。やり方教えてほしい」

C1「ありがとう。これは○○さんが持ってきた毛糸を細かく切って作ったんだけど、自分でもいい感じだと思う」

C2「じゃあ、ゴミはつけないようにして、ほかの掃除道具をつけてみたら？　チリトリとかモップとか」

　このように、子どもの主体性が発揮され、自分事として学習を捉えられていることで、批判的な意見も含めて交流することができます。もちろん、これまでの学級経営のなかで心理的安全性が高まっているため、そのような交流が加速されているということもありますが、みんなが参加する、みんなで作り上げるという経験や場の設定によって、お互いの信頼関係が築かれていきます。「このチームなら大丈夫」という信念は、心理的安全性を高める上で非常に重要です。この項では図画工作の実践を取り上げましたが、理科でも実験で使えそうな材料を、自分たちで考えて持ち寄ることができます。国語でも、まとめ・表現の際に「全児童に発信しよう」「地域の人に聞いてもらおう」と発信相手を決めて、クラス全体で取り組むこともできます。子どもの実態や教材の特性を生かしながら「みんなで作り上げる授業」を考えてみてはどうでしょうか。

授業事例❺　子どもが進める授業

「教師観を変える」「子ども観を変える」「黒板を子どもに開放する」と、これまでの授業観を変える必要性を述べてきました。「黒板を子どもに開放する」では、授業のなかで、教員が板書をするのではなく、子どもに任せてみることを紹介しました。次は、子どもが授業そのものを進める実践を紹介します。「子どもが授業を進めるってどういうこと?」と思われる方がいるかもしれませんが、実践している学校が全国的に少しずつ増えてきています。

代表的な実践としては、山形県の天童市立天童中部小学校の例です。天童中部小学校では、子どもだけで学習を進める授業を「自学・自習」として取り組んでいます。動画サイトにもアップされていますが、愛知県の春日井市立藤山台小学校でも児童用端末を活用しながら、子どもが授業を進めている様子が紹介されています。

教員主導ではなく、学習者主導で授業を進めることをテーマにしている書籍も増えてきました。ほかにも、「教えない授業」をテーマにした書籍も多数あり、注目を集めていることがわかります。本書は教育と心理的安全性に関するものなので、学習者主導の授業のつくり方や教えない授業のつくり方についてはほかに譲るとして、子どもが進める授業での子どもの様子や心理的安全性との関わりについて述べていきます。

まず一つ目の実践は、大阪府堺市のある小学校で見た五年生の算数の授業です。この日の授業は、L字になっている立体の体積を、どのように求めるかという話し合いをしていました。教員の出番は、初めの課題確認と最初に発言する子の指名だけです。そこからは圧巻でした。子どもたちはホワイトボードに自分の考えを書いていて、それを黒板に貼りながら発表をするのですが、説明の仕方が教員顔負けなのです。

「例えば、包丁で切るイメージ。ここをこうすると……」

「ここを横に切ると二つの立体が見えてきます。わかりやすく描いてみると……」

「ここまでの説明でよくわからないっていうところはありますか?」

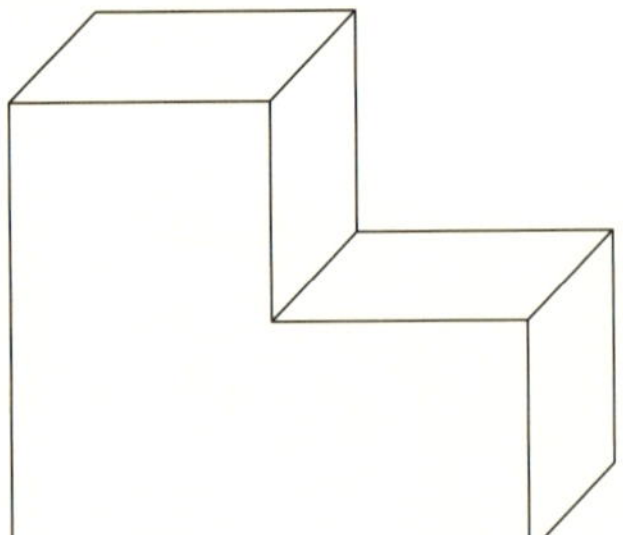

授業で扱っていたL字の立体

「こうすることで、今まで学習したことを使って解けるようになりますよね！」

まるで教員です。説明を聞いている子どもたちも只者ではありません。


「そうそう、そこまで一緒！」

「あー、僕が思っていたのとはちょっと違うけど、ありだなぁ」

「えー、そんなやり方があるのか。めっちゃいい！」

「質問だけど、この数字はどこからわかるの？」

「ちょっとつけ足してもいいかな？　いいたいことがある！」


このように教室の全員が自分事として聞いていて、白熱しているのです。そして最後のつけ足しをいいたかった子を、発表者の子が指名します。質問があればその都度指名して受け答えをします。次の考え方に移るときも子どもが進めます。


「じゃあ、次はこっちの考え方に移ってもいいかな？」

「これは私が説明したい！」

「僕も説明したいから一緒にやろう！」

子どもがつなげて、子どもが必要感をもちながら学習を進めていきます。なぜこのような授業が実現するのでしょうか。それは心理的安全性の高さが要因です。発表者は誰からも非難されることがないので、安心して発表することができます。聞き手の反応も、安心できる一つの要因です。また、聞き手も自分事として聞きながら、わからないことを「わからない」といえる心理的安全性が保障されているのです。

このように、子どもだけで学習が展開されるためには、学級経営による心理的安全性の向上はもちろん大切ですが、話すスキル、聞くスキルを高めることも必要です。このクラスでは、どのような授業を目指しているかという「目指す授業像」が子どもたちと共有されていました。新年度から少しずつ目標に向かって授業に取り組みながら、二学期の後半にはこのように子どもたちが主導するような授業になっていました。心理的安全性の高い授業をするためには、もちろん学級経営も大切ですが、子どもたちの資質・能力もかなり重要になります。「安心して発表してもいいよ」と声をかけても、発表の仕方やそのスキルがないと安心して発言することはできません。心理的安全性の向上には個別最適な学びは不可欠ですが、この授業では一斉授業の大いなる可能性を感じました。一斉授業でも一人ひとりが自分事として学習を捉え、心理的安全性の高い環境では全員が学習に参加して、教員が必要なくなるくらいまで「学び手」としての成長を見せるのだと感動したのを覚えています。

次に紹介するのは、子どもが先生役をするような授業です。下の写真は、四年生の児童が前に立って授業を進めている様子です。この日は、国語の授業で「ポップや帯を作って本を紹介しよう」という学習を進めています。まずはポップや帯を書くために「感想をもつ」ことが大切だと子どもたちは考えました。そこで、社会の学習で「環境」について学習したことから『さようなら　プラス

チック・ストロー』（ディー・ロミート著・千葉茂樹訳・光村教育図書）という本を図書室から借りてきて、自分たちで読み聞かせをしようと考えたようです。そして、読み聞かせの後に感想を交流して、その感想をどのようにポップに表せばよいかを考えるという授業展開でした。交流の際も、先生役の子どもが、

「○○さんの意見に何か付け足しがある人いますか」
「～～という意見が出ました。近くの人と相談してみてください」
「もっとたくさんの人の意見が聞きたいんですが、どうですか？」

と、先生顔負けの進行をしていました。

同じ四年生の体育係の児童がある日、「先生なしで、僕たちだけで体育の授業を進めてみたい！」といってきました。私は「ぜひやってほしい」と即答しました。即答はしたものの、体育の学習は危険が伴うことも多いので、学習計画を念入りに子どもたちと組み立てることにしました。「どんな内容にするかを、みんなにアンケートをとってやりたい！」というので、児童用端末を使ってできるアンケートフォームを教えました。その結果、サ

ッカーをすることになりました。体育係の子どもたちは地域の少年チームでサッカーをしている子ばかりだったので、そこでのルールで進めるのではと不安になっていましたが、体育係の子どもたちから「普通のルールじゃ絶対みんなが楽しめない。みんなが楽しめるルールを考えよう！」と提案があり、話し合うことにしていました。

学習計画も立て、みんなが楽しめるルールも考えて、いざ本番の日です。その日は五時間目の体育でしたが、子どもたちは昼休みの時間からライン引きやコーンの準備などに取りかかっていました。実際の授業は、途中までスムーズに進んでいましたが、一つの判定で揉めてしまい、後味の悪い終わり方をしてしまいました。授業終わりの体育係の様子を見てみると、後片付けをしながら反省会を開いていました。

「どうすればよかったんだろう」

「もっとルールを簡単にするべきだった？」

「微妙な判定の時の決め方を決めておくべきだったな」

子どもが主導する授業では、失敗はつきものです。もちろん、教員が進めた方がうまくいきます。しかし、失敗をすることで自分事として「学び方」を考えるのです。

子どもたちも、初めのうちは「授業は先生が進めるもの」と思っています。そのため、「授業、進めてみない？」と、こちらから声をかけることもあります。自分たちで進められると感じた子どもたちは、加速度的に授業へ参画してきます。そうして、失敗や成功を重ねながら、心理的安全性を育んでいきます。

授業事例❻ そのほかの様子

ここまで、いくつかの授業事例を紹介してきましたが、どの事例も学級経営との連動で成り立っています。よく聞かれる声として「うちは心理的安全性が低いから、こんな授業はできない」や「子どもたちが良い子、賢い子だからできる」といったものがありますが、実は、そうした先入観や固定観念が教室の心理的安全性を高めることを阻害しているのだと感じています。もちろん、授業だけで変わることはありませんし、心理的安全性が高くないとむずかしい実践もあります。だからこそ、学級経営と連動させながら、少しずつ取り入れたりチャレンジしたりして、授業でも心理的安全性を高めていくことが大切だと思います。すると少しずつ子どもたちから「やってみたい」という声が出てきます。そのときに「いいね、やってみよう」と許容できる心理的柔軟性が大切になります。私は関西に住んでいるので、すぐに「ええやん」といってしまいます。ここでは、私が「ええやん」と思った子どもたちの様子や事例を紹介します。カテゴリーに分けることがむずかしかったため、【そのほかの様子】としてまとめました。

子どもが作る学級通信

「先生、係で新しいことやってみたいな」と、写真係が相談しに来ました。「ええやん、撮った写真を活用できる何かないかな?」と話しているうちに、写真係の写真を学級通信に使おうということになりました。私は週に一回のペースで学級通信を作っています。そこで「どうせなら、自分たちで学級通信作ってみる?」ともちかけました。子どもたちは「えっ?」と面食らったような様子でしたが、すぐに目に輝きが見えました。自分たちが作ったものが印刷され、通信として配布されるワクワク感が出てきたのです。

その後、半年以上にわたって写真係が学級通信を作成しました。写真を撮られる子どもたちの表情も、私に撮られる時よりもキラキラした表情になっていることが悔しい限りですが、ありのままの様子が写し出されていて好評でした(校閲は担任が責任をもって行います)。

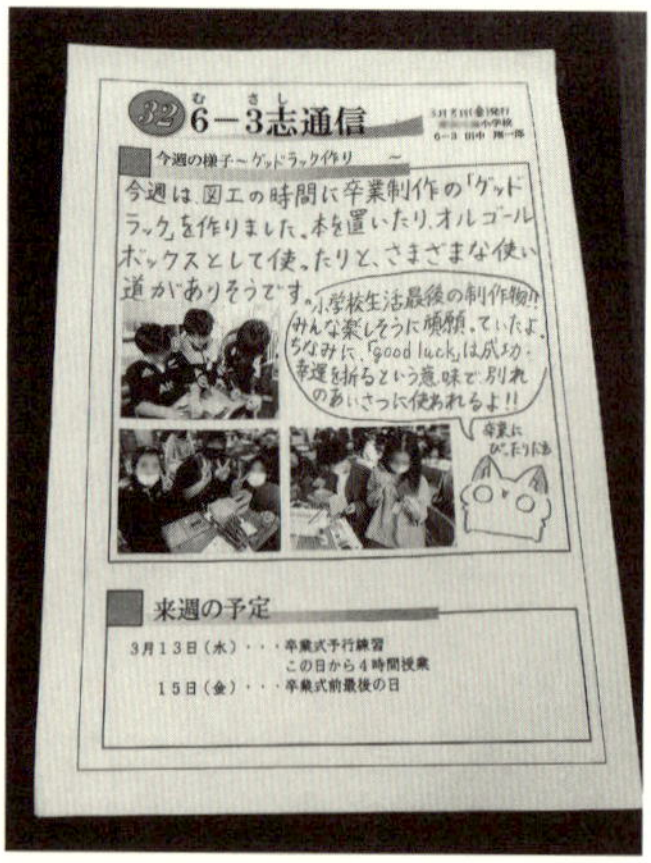
32 6－3志《むさし》通信

今週の様子～グッドラック作り～

今週は、図工の時間に卒業制作の「グッドラック」を作りました。本を置いたり、オルゴールボックスとして使ったりと、さまざまな使い道がありそうです。

来週の予定

3月13日(水)・・・卒業式予行練習
この日から4時間授業
15日(金)・・・卒業式前最後の日

運動会の表現運動

ある年の新年度、運動会の表現運動をどうしようかと学年で打ち合わせをしていました。隣に座っている、同じ学年の教員は今年度転勤してきた方です。その教員が「グループに分けて、表現の仕方はもちろん、曲も子どもたちに考えたり、選ばせたりしたらどうでしょう？」と提案したので「ええやん、やらされる表現運動ではなくて、自分たちで考えて作り上げる表現運動！」とすぐに賛同しました。子どもたちは、自分たちで作る表現運動にワクワクを隠せません。「こうしてみたらどうかな」「この音にはこの動きが合ってるよ」と、活発に意見を交わしています。もちろん、意見が衝突することもありますが、その度に問題を解決していくことで、「自分たちは問題を解決できる」という効力感を獲得していきます。運動会当日の発表では、子どもたちだけで考えたとは思えない表現運動に大歓声が起こっていました。子どもたちの誇らしげな表情が印象的でした。

劇

六年生の最後の参観で、ゲームソフトで有名な「ドラゴンクエスト」の『序曲』を演奏することが決まりました。「ドラクエ」を知らない人も楽しめるように劇にすることになりました。劇の練習を進めるうちに、自分でセリフを付け足す子や、アドリブを入れ出す子、小道具を自主的に作り出す子など、それぞれが自分で考えながらよりよい劇にしようと取り組んでいました。そして、それぞれの役割には、それぞれの得意が生かせるように場を設定していました。ある子が、ドラクエに出てくるモンスターの「ミミック」を作っていました（下の写真）。この子は「自分には良いところがない。何もできない」と、自分に自信がない子でした。しかし、このミミック製作には熱心に取り組んでいて、最後の最後まで完成度を高めていました。出来上がったミミックは、クラスの全員が驚きの声を上げるほどで、教職員も大いに感心しました。自分らしさが出せたからこそ、ここまで完成度の高いものが作れたのでしょう。

思わぬ使い方

四年生の理科の学習で、乾電池二つのつなぎ方を変えながら、電流の大きさなどを調べる実験があります。「直列つなぎの方が大きな電流が流れて、モーターは速く回るんだね」と、そんな学習をして、実験キットで車や扇風機を作って終わりました。

学習をした翌日の休み時間、教室の隅で男子が数人固まって座っています。何をしているのだろうと覗いてみると、こんな会話が聞こえてきました。


「ほら、これ直列つなぎ。めっちゃ強い」

「本当だ。これなら強くなりそう」

「長く回り続けるかな」

「あとで並列でもやってみようよ」

「ちょっと触ってみていい？」

「おー！すごい！」


よく見てみると、モーターの先についているのは、自作のコ

マでした。コマにモーターを挿せる穴を開けて、モーターを回すことでコマが回るようにしていたのです。そして、また聞こえてきました。

「スリー！ ツー！ ワン！ ゴーシュート！」

現代版のベーゴマのような遊びをしていたのです。私にとっては思いもよらない使い方でした。その瞬間を写真に撮って、その週の学級通信で紹介しました。個性的な発想を賞賛したのです。このような教員の発想を超えてくるものを押さえ込むのではなく、価値づけていくことで新奇歓迎因子が育まれていくと考えています。

学級通信を出したことで、コマ遊びをしていた子どもの保護者の方から「うちの子の独創性や個性を、このような形で認めてもらって、親子ともども本当に嬉しいです。ありがとうございます」と声をかけてもらいました。

校則を変える

　第二章の言葉かけ例でも紹介しましたが、心理的安全性が高まり、自分の気持ちを率直に話せるようになると、既存の校則に異を唱える子どもが現れます。私のクラスでは、「雨の日セットを、雨の日以外でも使いたい」という意見が出ました。こうした子どもが現れた際に「校則で決まっていることだから」と却下するのは、せっかく高まろうとしている心理的安全性を損なうことになってしまいます。

　私のクラスでは、「校則を担当する先生に伝えよう！」という話になりました。しかし、そのまま伝えるだけでは不満をいっているのと同じだということで、まずはクラスで、雨の日セットを雨の日以外で使う際のメリットとデメリットをまとめ、さらにデメリットについてはその対策も考えて、交流しました。

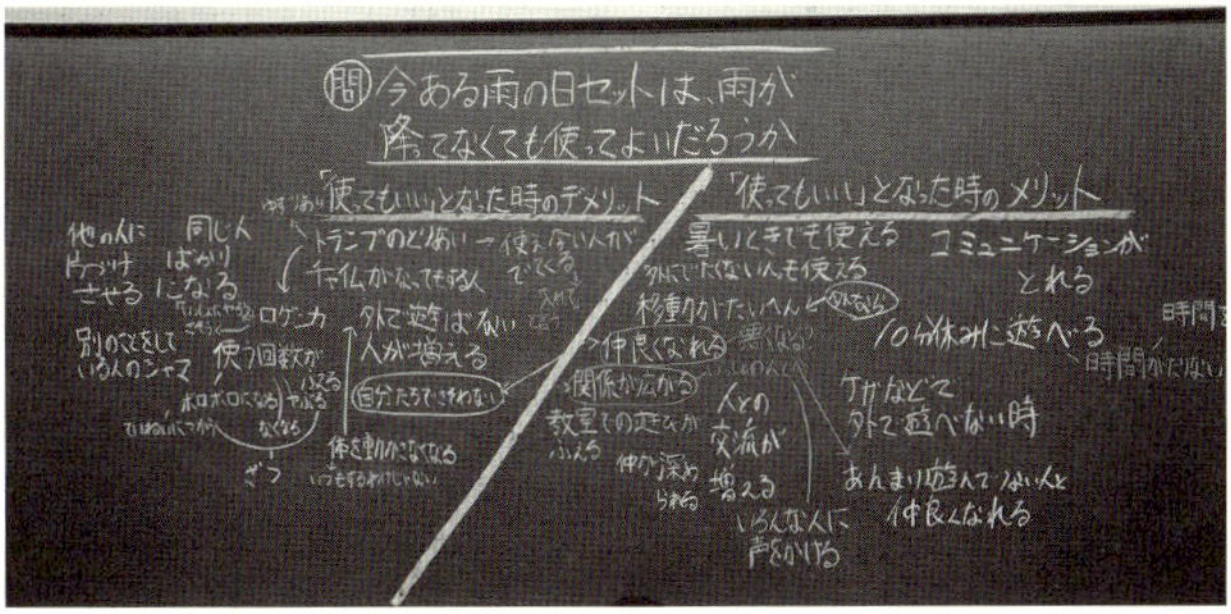

司会は、もちろん子どもたちです。クラスで学級代表という役割の子どもがいたので、その子どもたちが進行を担当します。テンポを重視するために、出てきた意見を板書するのは私が行いました。より説得力をもたせて相手に意見するためにはメリットもデメリットもその対策も考慮する、という視点は国語で学習したことの活用です。この成功体験が「挑戦」因子を高めることにもつながります。

第 5 章

心理的安全性と職員室

職員室と心理的安全性

教職員の離職

二〇二四年現在、教員の労働に関する報道や働き方に関する議論は熱を増すばかりの状況です。マスコミの報道は、全国的な教員不足の話題で持ち切りで、実際に私が所属している自治体でも、教員不足の話をよく聞きます。ある学校では「欠員一名で済んでいるよ……」と、欠員一名を「まだマシ」だと捉えていました。別の学校では「うちは欠員四名。実はもう一人休職しそうなんだよね」と、学校が危機的状況になっていることを嘆いていました。

ここからは、実際のデータをもとに考えていきます。もうすでに知っている方には釈迦に説法になりますが、改めて参照してもらえたらと思います。左のページのグラフを見てください。これは文部科学省が出している『学校教員統計調査（確定値）』から抽出した、小学校教員の定年以外の離職者数です。一時期横ばいの期間がありますが、平成十五年度から令和三年度を比べると２８３０人増加しています。ただ、平成十五年度に比べて、令和三年度の方が採用者数も増加しているため、採用者数と定年以外での離職者数との割合は両年でそこまで大きな差はありません。つまり、大雑把にいえば、採用者数も増えていて、離職者数も増えているということです。

ここで問題になるのは、その離職理由です。平成十五年度の離職理由の「病気のため」が３１６人です。しかし、令和三年度では７５３人と離職理由を占める割合が高まっています。そのうち、精神疾患は５６９人と、七割強は精神疾患による離職となっています。ちなみに、平成十五年度は精神疾患の人数は記録されていないのですが、平成二十七年度を除いて年々増加傾向にあります。また、「転職のた

各年度の定年以外での離職者数

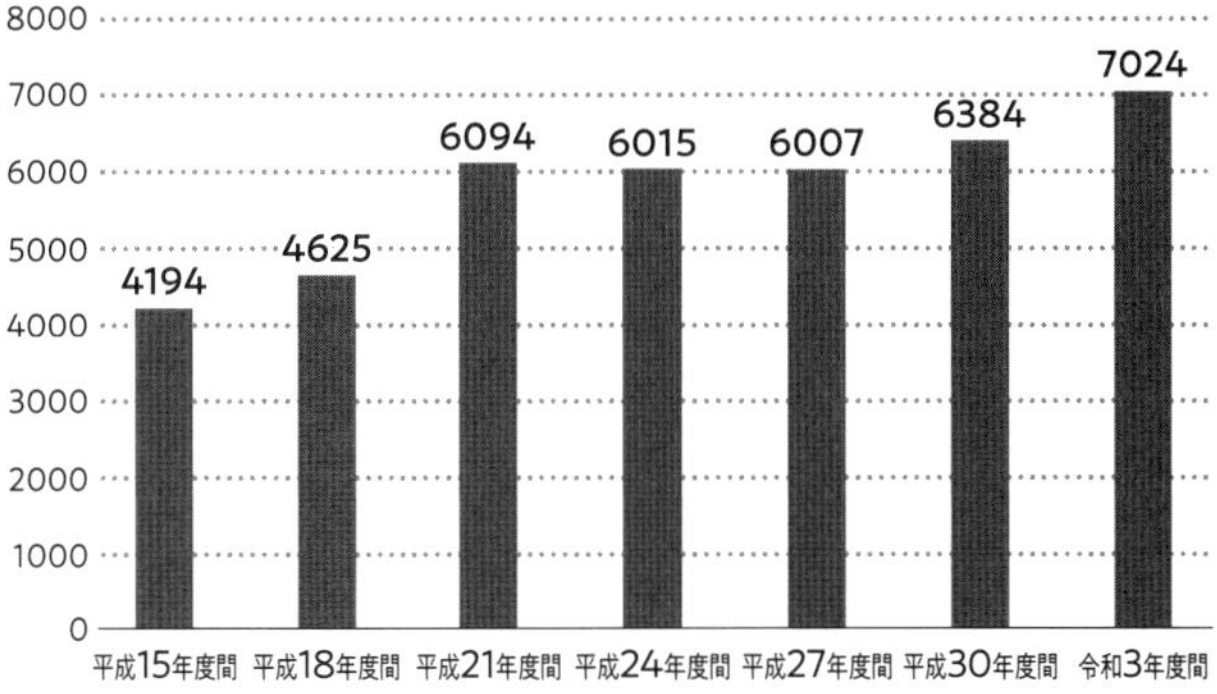

（文部科学省『学校教員統計調査』より作成）

め」という理由も平成十五年度は1053人で、令和三年度は2098人と増加しており、離職理由を占める割合も約25％から30％と増加しています。就業の多様化により選択の幅が広がったことも考えられますし、精神疾患の割合の増加を見るに、精神的に疲弊して転職するということも考えられます。

峯村恒平らは、教員の退職理由についてウェブ調査を実施しています。[13] 回答を得られた101名のアンケート結果では、退職理由の上位五位は次のようになっています。

1　長時間労働　35・6％
2　業務過多　31・7％
3　職場環境　26・7％
4　病気のため（精神疾患）　25・7％
5　教職への不適応　24・8％

この調査では、複数回答が可能だったため、「長時間労働」と回答している人が「病気のため（精神疾患）」も回答している可能性もあります。上位二位の「長時間労働」や「業務過多」は、現在も喫緊の課題として、全国的に改善が求められており、また、各自治体や学校でも働き方改革が進められています。しかし、気になるところはやはり、「職場環境」や「病気のため（精神疾患）」が多くの割合を占めているということ。ちなみに、職場での人間関係も16・8％と見過ごせない数値となっています。

教職員の休職

教員不足の要因は、離職ばかりではありません。休職による欠員も増加しているのが実情です。198ページのグラフを見てください。これも文部科学省が出している『令和四年度公立学校教職員の人事行政状況調査について（概要）』の「教育職員の精神疾患による病気休職者数（令和四年度）」のデータです。この報告によると、教育職員の精神疾患による病気休職者数は6539人で、過去最多です。全教育職員での割合に関しても0・71％とこれまでで最も高くなっています。もちろん、産休や育休の取得による「休業」によって現場の教職員が足りないという現状もあります。それとは別に、精神疾患等によって休職せざるを得ない教員たちも大勢いるのです。

このようにして、現在教育界は危機的状況にあります。このような危機的状況を打破するためには心理的安全性が何よりも不可欠なのです。長時間労働や業務過多を是正するために現場の教職員が改善策を率直に提案できる労働環境が必要なのです。職場の人間関係を円滑にしてコミュニケーションを活性化させることで、人間関係がストレスになっている教職員を減らし、反対に悩みや思いを率直に話せるような関係づくりをする必要があるのです。

教員たちが心と時間にゆとりをもって子どもたちと向き合い、よりよい教育活動を創造、実践していき、教育の生産性を高めるためには「職員室の心理的安全性」が不可欠になるのです。そして、本書を読んでいただいているあなたこそが、職員室の心理的安全性を高めるパイオニアになってほしいのです。

教育職員の精神疾患による病気休職者数の推移（平成25年度～令和4年度）

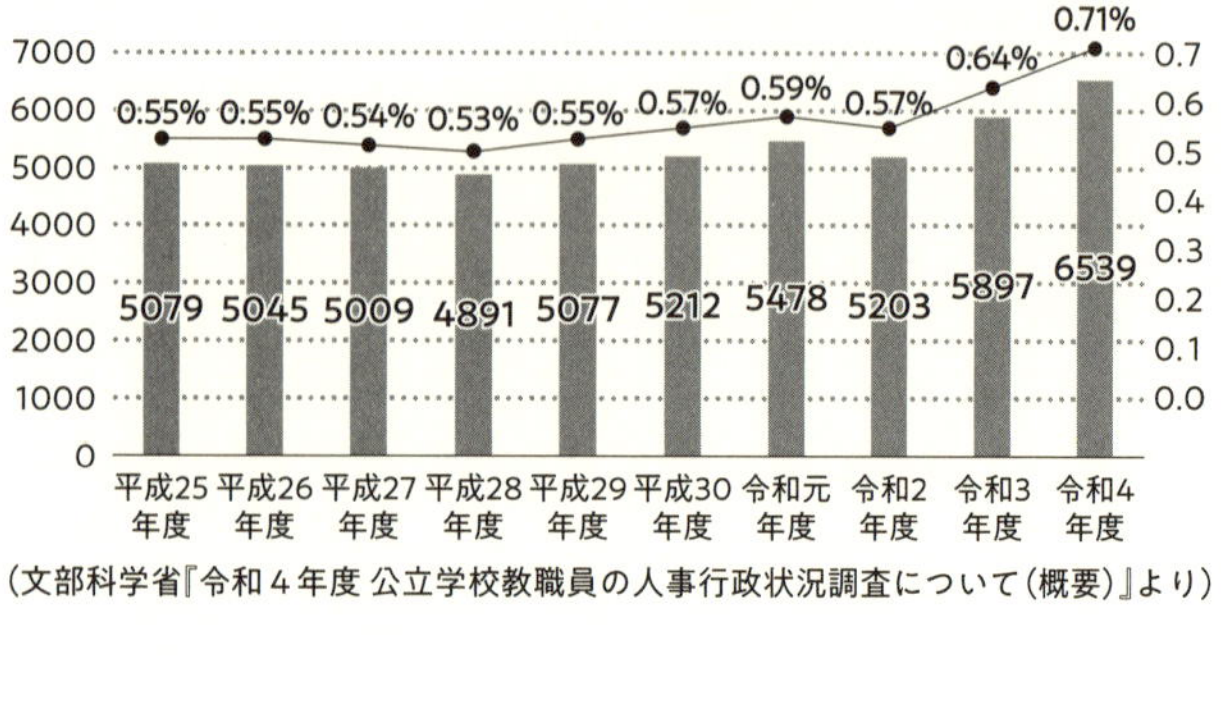

（文部科学省『令和４年度 公立学校教職員の人事行政状況調査について（概要）』より）

職員室の心理的安全性を高める役割

管理職の役割

エイミー・C・エドモンドソンは、多くの文献で心理的安全性を高めるためのリーダーの役割について論じています。ある著書では次のように述べています。

あらゆるレベルのリーダー、とくに組織の中間層に位置するリーダーは、心理的に安全な組織を生み出すときに重要な役割を果たす。（中略）出来事に対するリーダーの反応によって、適切で安全な行動について他のメンバーが抱くイメージに影響が及ぼされるという。[14]

教室の心理的安全性を高める役割が担任（授業者）にあるなら、職員室の心理的安全性を高める役割は、基本的に管理職にあるといえるのです。つまり、職員室の心理的安全性は校長や教頭によって大きく左右されるのです。

教務主任・主幹教諭

先ほどのエドモンドソンの引用文にある「中間層のリーダー」として考えられる分掌は教務主任だと考えられます。自治体によっては、管理職と教諭の間に主幹教諭を設けているところもあります。こうした、校務をまとめたり管理職の補佐をしたりする役割を、ここでは中間層リーダーとします。

このような中間層リーダーは、校長や教頭よりも教諭と関わることが多いため、校務の動きや職員室内の人間関係などを管理職よりも詳細に把握していることがあります。また、何かと校務を任されることも多いため、多くの職員から頼られる存在でもあります。

一方で、校務やそれに関する知識や経験が一極集中することから、職員室内の実権を強く握ることにもつながりやすく、ベテランが中間層リーダーを務める場合、管理職を超える影響力をもってしまう場合も少なくありません。管理職同様に、職員室内の心理的安全性を大きく左右する役割といえます。

教諭・講師

では、管理職でもない、教務主任や主幹教諭でもない職員はどうでしょう。一人の教諭や講師として職員室の心理的安全性を高めるのは、管理職や教務主任・主幹教諭と比べてむずかしいのは確かです。しかし、何もできないということはありません。一人の教諭の働きかけで職員室の心理的安全性が大きく損なわれることもあれば、逆に大きく向上することもあります。エドモンドソンは、心理的安全性に関するリーダーの役割を強く主張しています。一人の教諭・講師がリーダーシップを発揮することで、実質的に職員室の風土をリードしていくことも可能なのです。

リーダー、中間層リーダーの方々は、ぜひ本書で紹介した心理的安全性の書籍をご参考いただけたらと思います。本書を読んでもらっている方は、教諭や講師の方が多いと思います。ここでは、職員室の心理的安全性が高まったと感じた、一教諭である私や、教諭や講師の立場で職員室の心理的安全性を高めてきた同僚の取り組みや行動について紹介したいと思います。あくまでも現場の文脈での取り組みですので、一つの参考にしていただけたら幸いです。

職員室の心理的安全性を見取ろう

まずは、自分の勤務校の心理的安全性を見取ってみましょう。次ページに示した「職場の心理的安全性を測る尺度」は、エイミー・C・エドモンドソンが提示している七つの質問項目を参考に、それぞれの職場や職業の特色に合わせて作成されています。ただし、日本という文化、さらには学校教育、職員室という組織文化に合わせて尺度を考える必要があります。そこで、ここでは岡山大学教育学部の三沢良らの論文の中で示されている職員室の心理的安全性を測る尺度を紹介します。[15] 文献の中では、「まったくあてはまらない」を一点から、中点の「少しあてはまる」を三点、「非常にはてはまる」を五点とした五件法でアンケートを実施していて、その平均値を算出しています。

ただ、前にも述べたように、心理的安全性についてアンケートをとるのは、無記名にしたとしてもかなりセンシティブなため、質問項目や尺度を参考にして職員室の状況を見取る程度で十分だと思います。アンケートを実施する際は、任意の参加とし、プライバシーや個人情報の保護を適切に行う必要があります。

三沢ら（2022）作成の「教師の心理的安全性の測定に使用した尺度」

①仕事で失敗をした教員は、ほかの教員たちから責められることが多い（逆転項目）
②教員たちは、学校で起こった問題や対応のむずかしい課題について、遠慮せずに提起している
③教員たちは、自分たちとは違う異質な考え方を受け入れようとしない（逆転項目）
④教員たちは、自分の考えを率直に話すことができる
⑤教員同士の間で助けを求めることはむずかしい（逆転項目）
⑥ほかの教員の努力を、わざと踏みにじるようなことをする教員はいない
⑦一緒に働くとき、個々の教員の力量や能力の長所は高く評価され、活用されている
⑧教員たちは、互いの意見を遠慮なくぶつけあって話し合えている
⑨教員たちは、互いに努力している点を認め合っている
⑩教員たちは、仕事がうまくいくやり方、うまくいかないやり方について、情報を積極的に共有し合っている

※逆転項目は、一点の「まったくあてはまらない」を肯定回答として五点に換算する

この十項目で職員室の心理的安全性を見取るとき、アンケートを実施しないのなら「自分はこう思う」という視点ではなく、「みんなはどう感じているかな」と、全体を俯瞰して見取る必要があります。心理的安全性の感じ方には個人差があり、「とても心理的安全性が高い」と思っている職員と、「とても心理的安全性が低い」と思っている職員が混在しています。

アンケートが実施されない状況では、どうしても主観が入りやすくなりますが、「あの人はどう思っているかな」「全体的にはどうなのかな」と全体を観察することで、改めて職場の雰囲気や、その組織風土を感じ取ることができます。管理職や中間層リーダーであれば、より心理的安全性を高めるために、どのようなシステムにすればよいかを考える材料になります。また、教諭や講師の立場からなら、どのような提案をすればよいか、誰とどのように関わればよいか、誰が職場の雰囲気を左右するキーパーソンなのかなどがわかるでしょう。

教室や職員室の心理的安全性の研究はまだまだ黎明期といえます。これからさらに研究が進み、よりよい見取り方や取り組み方が考察され、実施されていくことでしょう。

職員室の心理的安全性を高めるアプローチ①
苦手な人ほど話しかける

苦手な人とは接触が少ない

この「苦手な人ほど話しかける」ということを実践していたのは、私と何度も同じ学年を組んだことのある同僚です。この同僚は、職場でどんな人とも関わることができ、みんなから慕われ、まるで職場の潤滑油のような存在です。その同僚は「僕は、苦手だと感じる人ほど話しかけるようにしている。苦手じゃない人はしぜんと関われるけど、苦手な人は意識しないと関わらなくなるから」といっていました。苦手な人と関わらないようにするのは「回避行動」といわれて、自分が不快や恐怖に感じることを避けようとする、しぜんな反応・行動なのです。

そこをあえて話しかけることで、普通なら関わりが少なくなってしまう苦手な人とも関わりをもてるようにしているのです。その同僚をよく観察すると、苦手な人も、そうじゃない人にも同じように関わっていました。

「今日も暑いね。駅から歩いて来るの大変じゃなかった？」

「昨日のプロ野球、好きなチームが勝ったね。いい試合だった？」

「水筒がおしゃれだね。どこで買ったの？」

ここで注目することは、仕事の話をしていないということです。仕事の話をすると、相手も仕事モードになってしまい、しぜんな会話になりにくいためです。何気ない話題にすることで、「素」に近い相手との会話することができ、心理的安全性を高めることにつながりやすくなります。

いつの間にか好きになる

第三章の「心理的安全性を高める学級経営」でも紹介しましたが、接触する回数が多いと、相手に好意的な印象を抱きやすくなる効果を「単純接触効果」といいます。

その効果によって、自分も相手への苦手意識を薄めることができますし、相手も自分に対して好意的な印象をもちやすくなります。このようにして、多くの教職員と関係をつくれるようになれば、まずは自分自身の心理的安全性が高まり、その後、多くの教員から「○○さんは話しやすい」と思ってもらえる状態をつくることができます。自分が職員室の心理的安全性の中心になれれば、そこから人と人をつなぐこともできますし、心理的安全性を高めるための取り組みを提案しても、受け入れてもらいやすくなるはずです。

無理をしない

苦手な人ほど話しかけるといっても、なかなか相容れない相手もいますし、話しかけられないほど苦手な人もいると思います。また、話しかけてみたけれど、全然関係がよくならないということもあるでしょう。そのようなときの対処法は「無理をしない」ことです。相手が変わることを期待するのではなく、自分ができることに努めるという意識で行います。アドラー心理学で考えれば「相手を変えようとしない、変わるのは自分」ということです。できることをしてみて、それ以上無理そうなら、あとは管理職に任せましょう。職員室マネジメントの責任者は管理職なのですから。

失敗談をたくさん話す

失敗を話せる環境

少し私自身の話をします。私の見た目は、身長が176センチで筋肉質、目は一重で髪型はオールバックにしています。令和六年現在、勤務校に六年間在籍していて、研究主任も務めていました。手前味噌になりますが、多数の書籍を出版し、雑誌への寄稿もさせていただいており、それなりに勉強も頑張っているので、知識も多少あります。学校には毎年転勤者や新任など、新しい教員が入ってきますが、こうした見た目や経歴などもあり、少し距離を置き、身構えているのがひしひしと伝わってきます。

そのような雰囲気を脱するために、私が率先して行っていることの一つが「失敗談をたくさん話す」ということです。「そんなに構えなくてもいいよ。僕なんか、あなたが思っているよりも大した人じゃないよ」というニュアンスで、たくさん失敗談を話します。例えば、

「翌日に検尿を集めないといけないのに、容器を配り忘れて全家庭訪問したことある」
「家庭連絡しようと思って電話したけど、同じ人に何回も間違い電話をして怒られた」
「奈良の校外学習で、お弁当を鹿に食べられて一日中お腹が減っていた」
「大事なことを保護者に連絡し忘れて、学校に怒鳴り込んで来られた」
「修学旅行で、自分の荷物を全部トイレに忘れてきた」

ほかにも挙げればきりがありません。しかし、このように自分の失敗談を話してみると「意外とおっちょこちょいですね」や「実は私も……」と相手からの反応が返ってきます。これは普段の学校生活においても同じです。授業がうまくいかなかったことや、自分のクラスで生徒指導案件が起こったこと、子どもとの関わりがうまくいっていないこと、保護者から苦情をもらったことなど、自分の失敗をオープンにするのです。すると、相手も何か失敗したときに話してくれるようになります。

実はこの、失敗を話してくれるようになることは、心理的安全性を高める上でとても重要です。人はどうしても失敗を隠したくなります。しかし、その隠した失敗が後々大きな事案となって明るみになれば取り返しがつかなくなります。それを事前に防ぐためにも、失敗をすぐに共有できる風土にすることが大切なのです。

意外とみんなが助けてくれる

私は失敗があれば、(迷惑かもしれませんが)大げさに失敗をアピールします。困っていることも言葉に出します。そうすると、周囲の人が動いて助けてくれることがたくさんあります。「こういうときはこうしたらいいよ」「これはこうなんだよ」とアドバイスをくれたり、「これ使ってみる?」とその人が持っている道具を貸してくれたりすることもあります。

意外と職員室の教員たちは、人を助けることに関してフットワークが軽いということもあります。そうしたことが少ない場合は、単に誰かが困っていることを知らなかったり、助けていいものかどうか判断しにくかったりしたのかもしれません。このように、助ける、助けられるという風土を積極的につくっていくことが、心理的安全性の「助け合い」を醸成していくことにつながっていきます。

職員室の心理的安全性を高めるアプローチ③　質問をしまくる

「無知」だと思われる不安を抱える教員たち

心理的安全性を損なう四つの対人リスクがありました。もう一度確認すると、

①「無知」だと思われる不安
②「無能」だと思われる不安
③「邪魔をしている」と思われる不安
④「ネガティブ」だと思われる不安

でした。先ほど紹介した三沢らの研究で、職員室の教員たちはどのような対人リスクを、どれほど抱えているのかも調査されていました。そこで一番高かった対人リスクは「みなが当たり前に知っていることを質問したら、無知な人だと思われる」という項目でした。

つまり、職員室の教員たちはわからないことを積極的に質問することに不安を抱えている

ということです。

思い出してみましょう。職員会議で次々と議題が進むなか、「あれ？ これってどういうこと？」と思ったことはありませんか。その際、「○○についてわからないんですが、教えていただけますか？」と質問できるでしょうか。研究授業の事後検討会や講師を招いた教員研修等で、初めて聞いた学習理論や指導法、教育用語が出てきた際に「それって何ですか？」と質問できるでしょうか。きっと多くの教員は「あとで自分で調べよう」「あとで■■さんに聞いてみよう」と、その場での質問を躊躇するのではないでしょうか。堂々と質問できる人はかなり少数派かもしれません。職員会議の場で質問してしまったら、「こんなの、ちゃんと資料読んでたらわかるでしょ」といわれるかもしれません。検討会や研修では「こんなこと、教員なら知っていて当然ですよ」といわれてしまうかもしれません。このような不安を抱えている教員が職員室には多いのです。

とんでもないことでも積極的に質問してみる

そこで、自分にできることは、どんなことでも積極的に質問をしまくることです。それは、とんでもないことでも構わないのです。職員会議では「そもそも、これって何でこう決まったんですか？」や「〇〇について全然理解できていないので、もう少し詳しく教えてください」と質問してみます。検討会や研修では「その言葉は初めて聞いたので、詳しく教えてください」と質問してみます。私の経験上、ほかの教員たちから「質問してくれてありがとう。私もわからなかったの」といってもらえることが多々ありました。みんな黙って聞いていますが、実は「わからないなぁ」と思っていることも多いのです。

そして、この質問は次の質問の呼び水となり、ほかの教員たちの質問や発言を促すことにつながったことがたくさんありました。私の後輩は、前年まで会議での発言が皆無だったのに、次の年には会議で必ず質問や発言をするようになっていました。「田中先生を見ていたら、しょうもないことでも質問していいんやなって思って、楽になりました」といってもらえたことが印象的でした。

初めはすごく不安だと思います。しかし、私の思いとしては本書を読んでいただいている教員にリーダーシップを発揮していただき、職員室の質問リーダーになっていただきたいと思っています。

職員室の心理的安全性を高めるアプローチ④

どうでもいい飲み会をする

もう古い？　飲みニケーション

今ではほとんど使われていないのではないかと思いますが、一昔前は「飲みニケーション」という言葉がありました。要は職場の人との飲み会です。酒を飲みながら腹を割って話をすることで親睦を深めようと頻繁に飲み会を開く習慣がありました。お酒を「飲み」ながら、「コミュニケーション」を図ろうとするため、「飲みニケーション」と呼ばれていました。また、「プレミアムフライデー」という言葉も流行りました。政府と経済界が推し進めていた取り組みで、個人消費を促進するために月末の金曜日にセールやポイント還元などの特典をつけたキャンペーンを様々なお店が行っていました。そうしたサービスを享受できるよう、その日をノー残業デーにする企業も増え、飲みニケーションも活発になりました。

しかし、数年前の新型コロナウイルス感染症拡大に伴って、飲み会も一気になくなり、プレミアムフライデーも機能しなくなりました。これは、いわゆる令和の働き方をかなり進める形となり、「働き方改革」の機運を高め、個々人のプライベートの充実を尊重する働き方の促進へとつながりました。

さらに飲み会を減少させたのは、ハラスメント問題です。無理やり飲酒を強要したり、酔った勢いで相手を傷つける言動をしたりなど、ハラスメントにつながる問題が多発。また、就業後も社内の人間と過ごすことに違和感を抱く若者との意識のズレなど、様々な要因により、以前のような「飲みニケーション」は少なくなりました。

飲み会にも多様性を

しかし、食事を共にすることは、人と人との関係性を築く上で大変重要な機会でもあります。職場ではなく、学校外でコミュニケーションをとることになるため、普段職場では話せないようなことを話したり、接することが少ない人と交流できるなどのメリットもあります。こうしたメリットは、一人ひとりの関係性を構築することに役立ち、心理的安全性を高める因子「話しやすさ」にプラスの影響を与えることもあります。つまり、一概に飲みニケーションはもう古い、必要ないと決めつけるのは早計だということです。

そこで、私は多様性を大切にしながら飲み会を実施しています。この多様性を大切にした飲み会を、私は「くだらナイト」と呼んでいます（私しか呼んでいませんが）。
くだらナイトのポリシーは次の通りです。

①必ず名目をつくる（何でもいいから飲み会を実施する理由が必要）
②誘いの呼びかけは全員に（場合によっては関係者全員）
③誘いを断られたら深追いしない（理由も聞かない）
④お酒は必須ではない
⑤席の指定はしない（自由席）
⑥ハラスメント防止を意識する
⑦金額は据え置きを意識する

飲み会でのコミュニケーションの推奨は、賛否あると思います。事実、誘われること自体が苦痛という人もいます。そういった場合は、その方と今後どうするかを話し合っておくことも必要になります。誘う側も、いろいろな人がいて、様々な立場があって、それぞれの考え方があるということを念頭に置いておくことが大切です。

職員室の心理的安全性を高めるアプローチ⑤

人権侵害には立ち向かう

人権が守られてこその心理的安全性

職員室にいるのは、いわゆる「学校の先生」です。子どもたちに人権教育として、人権侵害は決して許されるものではないとしている「学校の先生」です。しかし、様々な報道や資料を見ると、職員室内での人権侵害は決して珍しいものではないのが事実です。「人権侵害」という言葉よりも、「ハラスメント」という言葉の方がよく聞かれる言葉ですが、ハラスメントもれっきとした人権侵害行為です。相手の尊厳を傷つける行為には変わりありません。

誰かが、職員室内の心理的安全性を高めようと尽力しても、人権侵害行為（ハラスメント）が存在している状況では、心理的安全性を高めることは不可能です。パワハラが行われるなかで率直に自分の意見をいえるでしょうか。個性を発揮しながら新しいことに挑戦できるでしょうか。心理的安全性は、全員の人権が守られてこそ実現することができ、高めることができるのです。

ハラスメントへの立ち向かい方

①管理職に相談する

まずは、責任者である管理職に相談することが先決です。管理職は、ハラスメントに対応するための研修を受けていて、事案が発生したら迅速に対応する責任をもっています。証拠や資料を集めておき、提出することも念頭に置いておきましょう。

②同僚・先輩に相談する

程度や信頼関係によっては、いきなり管理職に相談するよりも、同僚や先輩に相談することが動きやすい場合も多いと思います。ただ、「話を聞いてもらう」「愚痴をいう」では聞き手によっては危機感が伝わらないことがあります。相談するときは具体的に、誰に、いつ、どのようなことがあったのかを伝え、聞き手の考えを引き出してみましょう。もしかしたら、同じような被害を受けている人がほかにもいるかもしれません。その際は、一人で行動するのではなく、協力して行動することもできます。仲間がいるのは、大変心強くなります。

③ハラスメント相談窓口役を見つける

学校組織内では、ハラスメントの相談窓口役の職員が設置されている場合も多くあります。主幹教諭や養護教諭が担当で、男性、女性それぞれが相談しやすい人が選ばれることも多いと思います。そのような窓口役と一緒に管理職に相談することも可能であるため、有効に活用することも考えられます。

④記録をとる

ハラスメントは、水掛け論になるケースも多々あります。被害者が「ハラスメントだと思った」からといって、ハラスメントになるわけではありません。総合的に、客観的に判断した上で認定されます。そのためには、証拠が必要です。もしハラスメントを受けたら、誰に、いつ、どのようなことをされたのかをメモしておきましょう。これは、信頼できる同僚や先輩等と共有しておくことも強力な武器になります。また、場合によっては録音することも考えられます。証拠集めのために録音することに承諾は必要ありません。管理職から別室（校長室等）に呼ばれ、密室でハラスメントが行われることもあります。その場合、ほかの職員はわからない状態になるため、録音が強力な武器となります。

⑤教育委員会に報告する

パワハラなど加害者が管理職の場合もあります。また、同僚や先輩からハラスメントを受け、管理職に相談したが動いてもらえず、改善もされない場合もあります。そういった場合は、一足飛びで教育委員会のハラスメント相談窓口に報告する方法があります。その際も、具体的な事案や記録などの証拠をそろえておくことが大切です。

何度もいいますが、人権侵害（ハラスメント）行為があっては、心理的安全性は実現できません。まずはスタートラインである人権侵害（ハラスメント）のない職場の実現を目指しましょう。

おわりに

本書の中で、教育に心理的安全性が必要な理由や、その高め方などを様々に紹介してきました。偉そうに高説を垂れてきましたが、私はいわゆる「普通」の教師です。とてつもなく才能があるわけでもありませんし、常識をひっくり返すような教育実践ができるわけでもありません。学級経営でたくさんの失敗をしてきましたし、いまだに上手くいかないこともたくさんあります。

しかし、そんな「普通」の教師である私が実践して効果があったと感じたからこそ、または効果を感じられなかったからこそ、多くの先生の参考になるのだと思っています。きっと本書を読まれた方は、批判的に読み進めてこられたと思いますが、まさにそれが「自分事」として読まれたのだと思います。

「自分だったらこうするな」「これはもっとこうした方が自分のクラスに合いそうだ」「この実践はそのまま取り入れてみよう」「それって筆者の感想ですよね」

そうした読み方によって、本書を読んでいる先生の教室や学校の心理的安全性を高める一助となれれば幸いです。私は本書が「読者にとって心理的安全性の高い本」になること、より多くの先生の教室の心理的安全性を高めるための役に立つことを願っています。

心理的安全性は、「これをすれば明日から激変する」というものではありません。三歩進んで二歩下がる。もしかしたら四歩下がるときもあるかもしれません。それでも子どもたちの力を信じて、一つずつ子どもたちの行動を価値づけし、思いと願いを伝え続けましょう。そして、少しの変化に希望を見いだし、さらに価値づけていくことで、じわじわと教室や学校の心理的安全性が高まっていくことでしょう。

最後に、本書の執筆にあたり、多くの方々のご支援とご協力をいただきました。まず、私の持ち込み企画を快く引き受けてくださった学事出版の二井さんに心から感謝申し上げます。二井さんのご理解とご支援がなければ、この本は実現しなかったでしょう。また、執筆編集を進めるうえで何度もやり取りをしてくださった編集の保科さんにも深く感謝いたします。保科さんの的確なアドバイスと温かいサポートが、本書の完成に大きく貢献しました。お二人のご尽力により、この本を世に送り出すことができました。心より感謝申し上げます。

二〇二五年二月　田中翔一郎

文献一覧

第一章

〔1〕エイミー・C・エドモンドソン、野津智子訳、村瀬俊朗解説（2021）『恐れのない組織―「心理的安全性」が学習・イノベーション・成長をもたらす』英治出版

第二章

〔2〕エイミー・C・エドモンドソン、野津智子訳（2014）『チームが機能するとはどういうことか―「学習力」と「実行力」を高める実践アプローチ』英治出版

〔3〕石井遼介（2020）『心理的安全性のつくりかた―「心理的柔軟性」が困難を乗り越えるチームに変える』日本能率協会マネジメントセンター

〔4〕大前暁政（2023）『心理的安全性と学級経営』東洋館出版社

〔5〕〔3〕と同じ

〔6〕〔1〕と同じ

〔7〕〔3〕と同じ

〔8〕多田孝志（2018）『対話型授業の理論と実践　深い思考を生起させる12の要件』教育出版

〔9〕ジョン・ハッティ、ダグラス・フィッシャー、ナンシー・フレイ、シャーリー・クラーク、原田信之訳者代表（2023）『自律的で相互依存的な学習者を育てる　コレクティブ・エフィカシー』北大路書房

〔10〕〔9〕と同じ

〔11〕参考文献：三好真史（2023）『話し合いがもっと深まる！　盛り上がる！　指名なし討論入門』フォーラムA企画

第四章

〔12〕藤本義博、佐藤友梨、益田裕充、小倉恭彦（2017）『主体的・対話的で深い学びを促進する教師の発話による働きかけに関する実証的研究―小学校第5学年「川の動き」の授業において―』

第五章

〔13〕峯村恒平、渡邉はるか、枝元香菜子、藤谷哲（2023）『退職教員の退職理由と在職時に受けたソーシャル・サポートの関係』

〔14〕〔2〕と同じ

〔15〕三沢良、鎌田雅史（2022）『職員室の心理的安全性―教師の協働を阻む対人リスクに関する検討―』

【著者紹介】

田中 翔一郎（たなか しょういちろう）

1989年、佐賀県生まれ。佐賀県立佐賀北高等学校通信制から国立大阪教育大学へ進学し、教育学を専攻。子どもの概念形成を研究する。卒業後、堺市の公立小学校に勤務。教員生活を続ける中、心理的安全性を学級経営に取り入れるためのオンライン教育サークル「糸」を設立し、学級経営に関する実践的な交流を行う。また、心理的安全性と学級経営に関する教員のオープンチャットを運営。自身のサークル主催による「不登校」「若手教員のためのすぐできるスキル」「職員室の机の整理整頓術」などをテーマに様々なセミナーを開催するなど、精力的に活動を行う。
著書に『図解＆資料でとにかくわかりやすい 理科授業のつくり方』『教師のための「後回しにしない」仕事の鉄則』（共に明治図書出版）がある。

よくわかる！ すぐ始められる！

学級経営をガラリと変える「超実践的」心理的安全性アプローチ

2025年２月10日　初版第１刷発行

著　者　田中 翔一郎
発行者　鈴木 宣昭
発行所　学事出版株式会社
〒101-0051　東京都千代田区神田神保町１-２-５
電　話　03-3518-9655（代）
https://www.gakuji.co.jp

編集担当　保科 慎太郎
カバー・本文デザイン　研友社印刷株式会社デザインルーム
印刷・製本　研友社印刷株式会社

ISBN978-4-7619-3044-8